普拉提基础
PILATES BASICS

〔美〕吉莉恩·赫塞尔（Jillian Hessel） 著
侯妍姝 译
吴振巍 审

提高力量，改善力线和平衡性的基础普拉提训练

河南科学技术出版社
·郑州·

图书在版编目（CIP）数据

普拉提基础 /（美）吉莉恩·赫塞尔（Jillian Hessel）著；侯妍姝译 .—郑州：河南科学技术出版社，2020.2

ISBN 978-7-5349-9879-9

Ⅰ.①普… Ⅱ.①吉… ②侯… Ⅲ.①健身运动 Ⅳ.① G883

中国版本图书馆 CIP 数据核字（2020）第 029478 号

出版发行：河南科学技术出版社
地址：郑州市郑东新区祥盛街27号　邮编：450016
电话：（0371）65788858　65788629
网址：www.hnstp.cn
策划编辑：李　林
责任编辑：李　林
责任校对：崔春娟
封面设计：张　伟
责任印制：朱　飞
印　　刷：河南博雅彩印有限公司
经　　销：全国新华书店
开　　本：889 mm × 1194 mm　1/16　印张：9.25　字数：124千字
版　　次：2020年2月第1版　2020年2月第1次印刷
定　　价：60.00元

如发现印、装质量问题，影响阅读，请与出版社联系并调换。

目 录

序

Pearl Lang，Martha Graham 公司前首席舞蹈演员，建议我去找约瑟夫·普拉提，以帮助我在两次膝关节手术之后可恢复跳舞，重返舞台。这是在 1954 年，那时候我还不知道约瑟夫·普拉提及他的妻子克拉拉（Clara）会给我的一生带来多大的影响。

此后，我在纽约州立大学跟随普拉提先生学习，他为我和 Lolita San Miguel 专门设计了培训计划，在通过考核后我成为教授普拉提技术的认证老师。1972 年，我接手了位于曼哈顿市中心一个百货商店 Henri Bendels 的普拉提工作室，并从 1972 年经营到 1988 年。在此期间，我创编了普拉提热身动作。我的热身动作可给大多数上课的女性缓冲，让她们能够从忙碌的"超级女人综合征"平稳过渡到练习普拉提需要的全神贯注；这些热身动作也有利于我与客户之间相互适应。

当吉莉恩·赫塞尔（Jillian Hessel）在 1981 年找到我的时候，我记得我对她说："我不知道我可以给你做什么。"她的脊柱因为多年残酷的芭蕾舞训练有着严重的变形，她甚至无法正常呼吸。她没有多少身体及核心的力量，腹肌无力，并且背部肌肉非常不平衡。我想出如何训练她变形身体的方法，开始训练她的呼吸。当她学会了正常的呼吸，我们就开始了我的热身训练动作——这是她真正需要的。

Jillian 一开始是我的客户，后来成了一名普拉提教师。1988 年，她在洛杉矶教授普拉提，并成功地经营一家普拉提工作室——

Well–Tempered Workout。从那以后，她培训了很多普拉提老师。我感觉是伤病使她认识了普拉提，并由此变成了一位独出心裁和别具耐心的普拉提老师。Jillian 通过非常努力的训练使普拉提成为她的一部分。她懂得作为初学者的恐惧、疼痛和挫败感，因为她也不得不从头开始训练她变形的脊柱。虽然现在我还是可以看出 Jillian 的脊柱问题，但你们也许很难看出，这就是普拉提的力量。

读者将从所有 Jillian 学到的东西中获益良多——这些东西不仅仅来自我，也来自其他教过她的运动老师。我知道她在不断学习——跟所有普拉提老师一样，为了保持创意不断学习。

我为 Jillian 感到骄傲，因为她一直传承着约瑟夫・普拉提和克拉拉・普拉提的精神。她的 B.E.A.M. 基础动作让学习普拉提变得简单、有趣并且没有危险。这些基础动作会让任何健康的初学者以最好的方式来学习经典普拉提垫上动作。我知道这本书会鼓励你们开始运动、观察，并且会感觉非常好。

现在，我喜欢告诉我的学生："让我们动起来！"

Kathleen Stanford–Grant

普拉提老师

纽约大学蒂施艺术学院

纽约，纽约州

2002 年 11 月

《普拉提基础》于 2016 年在美国出版，Kathleen Stanford–Grant 已于 2010 年 5 月 27 日过世。普拉提领域的所有人深切怀念她。

鸣 谢

我要感谢很多帮助我完成这本书的朋友。首先，这些年有很多学生不停地告诉我应该写一本书。我总是非常开心并表达谢意，但是私下里我怀疑自己怎么可能有时间完成这个艰巨的任务。后来，之前我在 Gaiam 公司的制片人 Andrea Lesky 找到我，他是一个有想法的人。若不是他对我完全信任并支持我，这本书是不可能呈现给大家的。

Ron Derhacopian 为这本书拍摄了很多美丽的照片，Helen Jeffers，Sherri Berman，Jetty Stutzman 让我在拍摄的时候看上去很美。Cheryl Montelle 是我坚定不移的观察员，提示我“肋骨下降”。Cheryl 也帮助我选择和编辑了上百张图片。Mikael Salazar 是一名出色的电脑专家，编辑技术高超，指导我设计了初稿。Kerry Eielson 充实了这本书的内容，书写了第一章。

Rodale 公司的编辑们——Margot Schupf 和 Christine Bucks 一直非常热心并且极度耐心，因为我把材料交给他们的时候已经超过了截止日期。Joanna William 非常出色地把这本书完美地呈现了出来。

另外，感谢我的先生，Arthur Spivak，感谢他所有明智的建议；感谢我的两个孩子，Daniel 和 Miranda，因为我花了很长时间来完成这本书，他们不得不忍受见到我的时间减少。最后，我希望感谢这些年我教过的所有学生，自从 1981 年我开始在 Carola Trier 工作室教授普拉提开始，是在给他们的教学中，我获得了能够写这本书的知识和经验。我希望所有人都可以像我一样感到满足，我们创造了一个完全独特并且非常有价值的教学工作！

普拉提：塑造一个全新的你

也许你听说过普拉提训练方法，并且也很好奇。也许你被它提到的益处吸引，如使体形更修长、纤细，让身体变得灵活，优雅和时尚。但是你或许有疑问，普拉提真的适合我吗？

答案非常简单，普拉提适合所有人。在接下来的几页，你会学习如何控制和训练身体和精神能力，这样你会发现不仅仅是在训练的时候，而是在每天做任何事情的时候，都会做得更好。

我们每个人出生都有潜能做出无限制的动作。并且我们都有天生的能力在每日的生活中让自己的动作自然优美。问题是对于大多数人，锻炼已经成为一个“奢侈品”，我们不得不把它夹入忙碌的生活中。

如果你认为你没有时间去锻炼，那这本书就适合你。如果你经常锻炼，但是觉得现在的锻炼没有意思，或者你已经到达一个平台，但并没有获得你想要的效果，这本书也适合你。

不论你买这本书的原因是什么，也不论你的身体能力水平如何，准备好要做一种独一无二的训练。普拉提从基础开始建立，会给你一个全新的视角，让你了解身体运动的方法和原因。如果你坚持练习普拉提，它也许会重新定义你对健康的认识。它会让你以前从来没有感觉过的或者感觉没有意义的肌肉变得强健，并且会让你已经放弃的肌肉变得修长和平滑。它可以重塑你的脊柱，平坦你的小腹，改善你的体态，并且让你看上去和感觉上去年轻了 10 岁， 轻了 10 公斤。简而言之，随着常规的训练，普拉提会让你感觉身体重获新生。

什么是普拉提基础?

就像普拉提训练是一种完全特殊的训练方法，这本书和你从书架上看到的其他关于普拉提的书也会不一样。因为这本书针对的是普拉提初学者——从来没有练习过普拉提的人群。

在本书的前两章，你会学习到普拉提的基础知识，以及约瑟夫·普拉提是如何创编动作的。你也会学习如何评估自己的体态，并且找到身体里所有重要的区域——普拉提中称为“能量房”（powerhouse）。

在第三章，通过B.E.A.M.基础动作（呼吸、能量、力线和动作）开始训练。基础动作会让你为以后的经典垫上动作做好准备——就像是在学习跑步之前要先学会走路（路上会学习更多的B.E.A.M.基础动作）。第四章会给你演示一些新的挑战，你要把在基础章节里学到的动作整合到更难的普拉提经典垫上系列动作中。为了让这本书更加丰满，我增加了一个额外章节的辅助训练动作，会帮助你把学到的普拉提动作应用到每天的日常生活中。这些训练非常棒，只需要五分钟就可以做完。

我对普拉提的理解

我从1981年开始教授普拉提，并且非常幸运地可以跟随约瑟夫·普拉提教过的超级出色的第一代老师学习：Kathleen Stanford-Grant，Carola Trier，Ron Fletcher，Eve Gentry及Romana Kryszanowska。Kathleen Stanford-Grant和Eve Gentry向我介绍了普拉提热身（Kathleen喜欢这么称呼这些动作）。Ron Fletcher不可磨灭地影响了我如何使用呼吸控制。我发现我所有的学生，年轻的或年老的，健康的或虚弱的，在他们做经典垫上训练之前都可以从我的普拉提热身，即B.E.A.M.基础动作中受益。

为什么？因为普拉提在20世纪30年代创编他的原始动作的时候，当时的人们与现在的人们相比，没有那么多压力并且身体有更多的活动。普拉提训练需要身体意识、专注以及呼吸控制。如果刚开始我们就跟自己的身体失去了联系，我们怎样才能集中精神以获得该训练技术的全部好处呢？我相信 B.E.A.M. 基础动作就是答案。

这些动作以“B”开始，“B”代表呼吸（breathing）。瑜伽练习者都知道，呼吸可平静身体和心灵，呼吸也可以使人精力充沛。把缓慢深层的呼吸变成短促连续的呼吸，你可以有意识地增加身体的能量水平。“E”代表能量（energy）——锻炼需要能量！“A”代表骨骼排列的力线（alignment），普拉提训练中好的动作模式是至关重要的。最后，“M”代表动作（move），因为你将以完美的方式学习多样化的动作。

掌握一项新的技能需要时间，普拉提也一样。要对自己有耐心，不要气馁。改变你的呼吸和体态需要时间，但其长远的好处是非常值得你付出努力的。如果你之前没有进行过规律的锻炼，要先取得医生的同意，然后循序渐进开始这项训练。

你的未来从现在开始

普拉提训练也许可以让你第一次体会到身体的真正潜能，可以优雅地运动，灵活和有能量。如果你坚定、持续，并且有耐心，你的努力付出就会有结果——从和谐的身体、大脑和精神中，你会获得一种平静的感觉。正如我的导师 Carola Trier 曾说的：“现在是时候开始动起来了！”

Jillian Hessel

第一部分　普拉提入门

【第一章】

掌握基本要点

“无论年龄、体态或者现在对自己的感觉如何，每个人都没有理由不去感受身体的美丽。这就是身体控制学（普拉提的初始名字）的意义：更多地感知、了解你的身体，跟它的所有部分保持联系，并且建立一个沟通系统，把它当作好朋友一样相信和爱惜它，然后可以永远正确地使用它！”

——Ron Fletcher

Ron Fletcher，普拉提大师，1947—1971 年直接跟随约瑟夫和克拉拉学习普拉提。2011 年 Ron 去世，享年 90 岁。他留下了他的传奇、Ron Fletcher 学习流派，以及 Fletcher 普拉提。

经同意，摘自 Ron Fletcher 的书籍《每个身体都很美丽》。

唤醒身体

就像我在前面提到的，普拉提是一种针对所有人的训练方法——年轻或者年老，健康或者虚弱。跟其他很多形式的训练一样，普拉提可以促进身体代谢，改善呼吸和循环功能，增加骨密度和肌肉张力。跟瑜伽和武术一样，它可以帮助你集中精神、平静神经系统。跟很多其他形式的训练不一样的是，普拉提可以平衡肌肉的不对称，使体形优美，并且改善你的平衡性、协调性和呼吸控制。普拉提可以做到这些，是因为它可以同时改善肌肉灵活性和增强肌力。这个训练还可以帮助唤醒全新的身体意识，我称之为“内心的眼睛”。

说了那么多，是什么让普拉提跟你现在的生活方式相关呢?

自从 19 世纪末工业化开始发展以来,我们的生活方式逐渐变得久坐少动,然而我们的身体，是为运动而生的，这个设计还没有改变。

我们把久坐叫作“纪律”，但是它可以是一种自我虐待。如果你在工作时或者飞机上坐了很长时间，你知道自己会变得多么僵硬和疲劳吗？站起来拉伸一下或者喝一杯水会让你感觉非常好，是不是？那是因为你满足了你身体运动的天性——运动可以把更多的氧气输送到大脑和身体。

缺乏活动的生活方式会导致体内氧气缺乏和肌肉发展不平衡。我们大多数人是在一种长期缺乏氧气的状态下四处走动的（不论我们喝多少咖啡）。此外，久坐与相似动作（如写字、打字、发信息、开车和吃饭）的活动结合，会加强上半身前侧的肌肉，让它们强大和紧张。这些反复的动作同时也会牵拉我们上背部的肌肉，使它们被拉长，变得虚弱。当然，驼背的姿势会使你的胸廓畸形、膈肌活动受限，只会更加损伤你的呼吸模式。

你会未老先衰，变得驼背。我的三个主要普拉提导师——Kathleen Stanford-Grant，Carola Trier，以及第一代导师 Eve Gentry，在晚年时期，全部都保持精力充沛，他们还不断地告诉学生普拉提的神奇和能量，激励学生坚

这项训练背后的男人

约瑟夫·普拉提1883年出生于德国，父母是希腊人。因为童年时又小又瘦，他自学了解剖、身体塑形、摔跤、瑜伽、体操和武术。普拉提被传统完美的希腊男人拥有平衡的身体、心理和精神吸引。他开始认为我们现代的生活方式——不良的姿势和低效率的呼吸是身体不健康的根源。他因此设计了一系列特殊的身体训练动作，可以帮助纠正肌肉不平衡，改善体态、协调性、平衡性、力量和灵活性，并且可以增加呼吸能力和器官功能。

第一次世界大战期间，普拉提作为一名马戏团演员在英国旅游，后来被当作敌人拘留了。他鼓励监狱里的伙伴跟着他训练。但是有些受伤的德国士兵由于身体太弱不能离床。他把床的弹簧取下来，连接到床头和床尾的铁板上，把它们变成了可以产生阻力的训练工具，给卧床不起的“患者”训练使用。这些就是最早的有弹簧的训练设备，即凯迪拉克核心床——目前仍被使用的普拉提训练器械。普拉提的传奇是在1918年流感暴发的时期，他的“患者”没有死亡。在不可思议的集中营的生存环境下，他把他的技术归功于那些囚犯的力量和能力。

战争结束以后普拉提回到德国，他与他的德国士兵未患流感的情况也受到了关注。1926年，德国Kaiser邀请他训练德国特殊警察。当时，普拉提决定移民到美国。在去纽约的船上，他遇见了他后来的妻子和教学伙伴——克拉拉。他们一起在曼哈顿第八大道开办了第一个身体控制学（普拉提给自己训练方式的命名）工作室。

身体控制学最早期的美国学习者都是专业的舞蹈演员，因为他们的身体易反复受伤。很快舞蹈编导Geroge Balanchine和其他运动学家开始认可身体控制学。从那以后，这项训练变得流行起来——每个人都喜欢叫它普拉提，而不是“身体控制学”。如今，很多著名的运动员、舞者、模特和演员，还有商业人士、家庭主妇和退休人员都成了普拉提爱好者。

持练习。普拉提是对肌肉的教育——首先教会它们应该如何一直工作。普拉提教导了一种将有节奏的深度呼吸与运动相结合的方式。这些练习在解剖学上是合理的，所以它们应该延伸到日常生活中。这样，不论你是从车里出来、坐在桌边、抱宝宝、遛狗，还是爬楼梯，你的肌肉都会以最佳的能力工作，你的骨骼始终保持在正确位置。你会发现你所做的都在强化普拉提，反之亦然。

普拉提还有另外一个大的优点：它不需要反复重复无聊的、没有意义的动作，你也不会遭受肌肉拉伤——其损伤的风险很小。这项训练强调的是动作的轻松和流畅，并不需要使劲儿发力（即使普拉提对身体和精神还是有挑战的）。从每周 2~3 次，每次 20~30 分钟开始，一次精准执行的普拉提课程在某些方面甚至会比在健身房待几小时还值得——并且普拉提训练以后你会觉得生机勃勃，而不是疲惫不堪。

从核心开始运动

普拉提的关键在于使用身体的核心——约瑟夫·普拉提把它叫作能量房 。身体重心的中间就是核心，位于肚脐下 5 厘米。普拉提认为身体里所有的动作应该来自这个能量点（这是他从武术中借鉴的概念）。当能量房中的肌肉强大时，身体可以平衡、有控制和轻松地进行更加复杂的动作。这是因为你从你身体最稳定的位置开始发力，而不是从身体外周开始发力（动作从手臂或者腿部开始）。

纤细的李小龙可以比一个健美运动员更加有能量，就是因为他有强健的核心。同样的原因，虽然相扑选手看上去有很多脂肪而且不健康，但是因为拥有强健的核心，他依旧是非常强大的人。

从核心开始运动可以最大化你的能量。想象初级和专业花样滑冰选手的区别。初学者在冰上滑动的时候，容易甩臂，并且腰部弯曲得过多。专业选手在滑冰的时候，会进入身体的重心并且流畅地滑行。专业人员也许会使用他们的手臂进行艺术表达或用来平衡剧烈的运动，但是所有方向的改变都来源于躯干，并从他们身体的核心向下传送到腿部。有经验的选手比初学者消耗的热量更少，也没有那么疲劳。并不是说他们没有努力运动，而是他们的能量储存使他们比初学者有更多的耐力，可以持续滑冰时间更长。

正确呼吸的艺术

因为肺容量不能被我们完全使用，所以普拉提把改善肺功能和确保正确的呼吸技术作为训练的基础。普通人大都呼吸较浅，即大多数人只是使用上半身浅呼吸，而不是用胸腔去呼吸。

浅呼气可能是健康恶化的开始。它会损害精神敏锐度，导致头痛，增加焦虑，阻碍免疫系统，减缓循环，并且降低肌肉和器官的功能。身体系统缺少新鲜的氧气也会引起肌肉痉挛和缺乏躯体活力。

为了正确地呼吸，你需要理解呼吸系统是如何工作的。深吸气时，膈肌收缩，从胸腔向下移动到腹腔。向下移动的膈肌使胸廓容积扩大，让新鲜的氧气充满肺部。两肋骨间的肌肉，叫作肋间肌，其（肋间外肌）收缩可提起肋骨，扩张胸腔，以进一步增加肺容量。

呼气时，膈肌放松，另一种肋间肌（肋间内肌）收缩可降低肋骨，缩小胸腔，迫使肺部的气体排出。普拉提呼吸是为了给身体排毒和增加活力。普拉提开创性的想法是，不仅仅通过增强膈肌和肋间肌的训练来增加气体进入和离开肺部的量，还可以通过用力收缩腹部肌肉来帮助每次呼气，这样子可以挤出所有肺部的气体。普拉提呼吸的理论是，当我们完全呼气的时候，我们的身体可以排出更多的毒素和二氧化碳，给下一次吸气创造空间，这样子就可以尽可能地带入更多新鲜的氧气。所以每次新的呼吸循环，我们会清除肺中的杂质，给大脑和肌肉提供新鲜的氧气。

深层腹肌收缩的挤压作用，可以增加从肺部呼出的空气量，这是普拉提成为一种独特的锻炼方式的另一个因素。当你以这种方式同步呼吸和运动时，

身心结合

和你所了解的瑜伽、冥想或者武术不同，身心结合对你也许是一个全新的概念。身心结合是一种简单的、让动作变得更有意识的方法。目的是集中体会当下的感觉——不多也不少，即当你在练习普拉提的时候，你不仅仅能意识到自己所做的动作，你也会意识到那些动作的质量以及它们跟你的呼吸节奏是如何配合的。

身心结合是减少生活压力的关键。在野外对危险的“战斗或者逃跑”反应，让我们祖先的肾上腺素暴发，来帮助他们存活。这个反应对我们来说还是一样。但是，当我们在交通拥堵时变得焦躁、工作不顺或者跟孩子不开心的时候，你通常是不能战斗或者逃跑的。如果失意感不能通过安全的可接受的方式发泄出来，肾上腺产生的激素就会存留在体内。你的血压会增高，心跳会加快，免疫系统受到压迫，并且你会变得更有压力。

身心结合能帮助你控制自己的神经系统。学习平静下来，以及训练从核心发力可以帮助你找到一种安全健康的方法，来摆脱每天的压力和紧张。普拉提是一种身心锻炼的方法，你会从中获得精神以及身体的好处。

身心结合从呼吸开始，你可以从第 43 页的“打好基础：B.E.A.M. 基础动作”开始学习。

你会自动地从核心发力，这就是普拉提的目的。强大的呼气和精心设计的训练相结合也会给身体重要的器官提供按摩，刺激循环系统和消化系统。当然，增强腹肌力量会给腰部提供更强的支撑。所以当你进行完整的集中的普拉提训练时，你不仅是在提高肺容量，排出身体的毒素，同时也是在改善体态、平坦腹部！

经过几天有意识的呼吸之后，你会发现自己感觉更加生机勃勃。仅仅是呼吸练习，就可以让你的健康和生活质量发生巨大的变化。

投资时间

时间总是个问题，锻炼效果的最大化取决于你如何最大化你的时间。不要欺骗自己。为锻炼腾出时间是保持身体和心灵健康的基础。有规律的锻炼不仅是为了看上去更好；它更强调你的感觉，它可使身体更强壮、优雅、有生机、功能最优，达到身心健康。所以浪费你最重要的资产——健康和幸福，不是很愚蠢吗？即使是短时间的锻炼也是值得的。如果你没有一整个小时，可以尝试锻炼半小时，甚至 15 分钟。尽你所能把锻炼融入生活中。普拉提可以帮助到你，因为普拉提的模式会鼓励你时刻意识到如何正确使用你的身体，并不仅仅是在锻炼的时候。另外，看一下书中从 131 页开始的“5 分钟：辅助锻炼”，你会获得一些很棒的建议，通过 5 分钟的快速锻炼，你会学到如何把普拉提融入日常生活中。

增加柔韧性

有些人竟然认为拉伸是浪费时间，因为他们认为柔韧性并不重要，也不能改善他们的外表。没有比这更离谱的事了！柔韧性是普拉提的一部分，并且普拉提是一项独一无二的训练，因为它可以把增加肌肉力量和改善肌肉柔韧性结合起来。

柔韧性可以提高你的活动度，有助于预防损伤，同时也有助于骨骼恢复正确的力线。拉伸可以舒缓酸痛的肌肉，减轻慢性疼痛，并可缓解神经张力。随着时间的推移，改善的柔韧性能明显延长肌肉，并且让你看上去和感觉上更高、更紧致、更年轻，肌肉更健壮。与之相对比，肌肉过度锻炼而缺乏拉伸，会让身体看上去紧缩，肌肉就像一把黏土一样压在身体上。

拉伸也有助于增加肌肉的血液循环。拉伸会使肌肉交替延长和放松，这样可以冲刷血液和毒素，如乳酸和二氧化碳，同时让新鲜的充满氧气的血液流回来。与深呼吸相结合，拉伸是让人变得更加健康的一个重要部分，因为被拉伸的肌肉更有张力、更健壮，并且为各个方向的运动做好了准备。

重新定义健身

放弃这样的想法：必须在普拉提训练时有燃烧的感觉才达到健身的效果。健身并不是要做高强度的核心训练，每次都扰乱你的肠胃。酸痛并不代表你进行了好的锻炼，其只是表明你的肌肉过度劳累到它们无法运作的程度。在锻炼期间或者之后不应该有疼痛。

你不需要出一桶水的汗，浑身发热，或者训练到脸变红来排出身体的毒素和提高代谢。气喘吁吁并不是改善呼吸、降低压力和增加循环的唯一方法；有控制的深呼吸效果一样很好，甚至更好——不仅可以排毒，而且可以达到较好的锻炼效果。

最后，良好的普拉提锻炼不应该让你疲乏。它会给你更多能量，让身体和心灵变得生机勃勃，而不是精疲力竭。你准备好改变了吗?

【第二章】

完美你的体态

军事院校、模特公司、舞蹈学校以及每个人的父母都会传授体态。为什么？因为良好的身体运动代表着一种能量、优雅、自信和个人魅力。如果你的体态很懒散，你会变得粗腰、窄胸、圆肩，看上去比实际身高矮几厘米，这绝对不是优雅和时尚的表现。好的体态不仅仅是看上去美丽，它对健康、良好的身体功能至关重要。

不良的体态是一种能量消耗。如果你的脊柱不平衡，肌肉需要更加努力地工作使身体保持一天的直立。懒散的体态也会导致你的结构塌陷，就像一座建得很差的建筑。这种塌陷的结构会导致很多身体疾病，如便秘等消化系统问题、循环欠佳、缺乏精力、腰背痛、头痛，以及呼吸困难。

挺拔地站立也许在一开始会觉得累，因为你需要重新训练和强健身体核心肌肉来改善你的体态。但是，一旦你开始使用书中的 B.E.A.M. 基础动作（见第三章，43 页起），你永远不会忘记支撑、呼吸和运动的基本原则。不仅仅是在你锻炼的时候，还在你一天的日常生活当中，你会活动得更加优雅、有能量，并且你也会惊讶于你拥有更多的精力。

骨瘦如柴的脊柱

人的脊柱由 32~34 块叫作椎骨的骨骼构成。脊柱的构造是为了给身体提供最大化的活动范围和支撑，同时使脊柱关节或者椎间盘的磨损最小化。椎间盘位于椎体之间，当你运动的时候，它们可以提供缓冲，帮助减少关节的摩擦。

脊柱有 4 个自然的生理曲线——3 个灵活的和 1 个固定的。从侧面观看

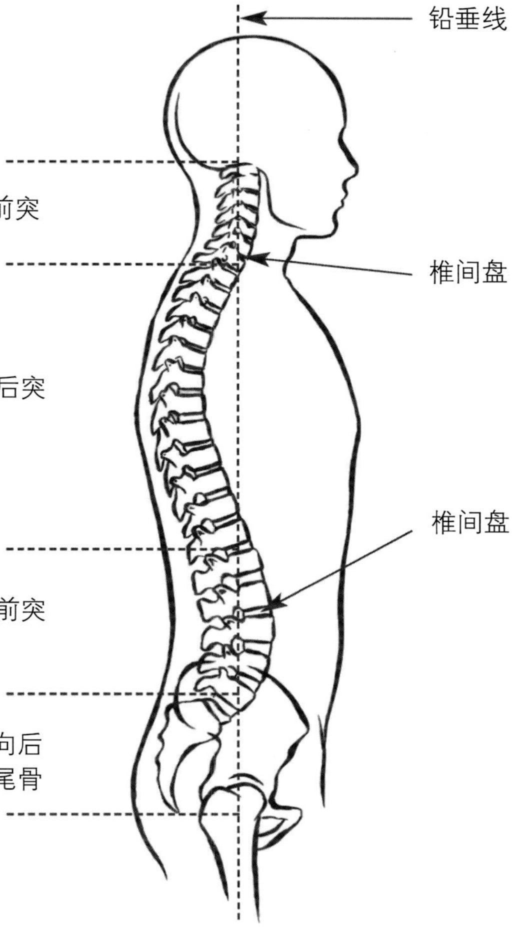

理想姿势：铅垂线代表通过你身体的垂直重力线。当身体力线合理时，这条线直接从你的头顶穿过，平分颈椎曲线。它沿着胸腔中间向下，平分腰椎曲线。最后，通过骨盆和髋关节的中心。这是一种理想力线的脊柱，称为生理上有效的姿势。

身体，处于理想姿势下的正常生理曲线如下所示：

* 7 个颈椎的曲线向前，形成颈部。
* 12 个胸椎的曲线向后，这是肋骨连接形成上部躯干的区域。
* 5 个腰椎的曲线向前，形成腰部。
* 最后一个向后的曲线是 5 块融合的骶骨，是骨盆连接你脊柱的区域。这条曲线以 3~5 块融合的尾骨结束。

前 3 个曲线是灵活的，是脊柱可以弯曲扭转的部位。但是，骶骨 / 尾骨的曲线是固定的，因为它们的椎骨是融合的。

如果你的妈妈总是告诉你要站直，她是错的。脊柱曲线为你的运动提供了缓冲、额外的灵活性和运动范围,所以你不需要让它们变平或者消失。但是，如果脊柱的曲线太大或者太小，或者如果曲线之间不平衡，你就会有结构问题和脊柱疼痛。

人与人之间的脊柱曲线是不一样的，关键是在每个人特殊的身体结构中，自身的曲线应该是相互平衡的，这样才能拥有理想的体态。好的体态能帮助我们保持（并且当我们变老时仍能保持）脊柱的最大灵活度、力量、弹性和活动能力。这是一个值得追求的目标，规律的普拉提锻炼可以帮助你实现这个目标，因为每个动作练习都有助于建立体态意识。

体态与你的脊柱

不良体态会导致脊柱不正确的力线，脊柱自然的生理弯曲弧度变大或者变平。这些力线不好的脊柱会引起肌肉发展不平衡，即有些肌群需要不断地过度工作来支撑身体直立的姿势，而有些肌肉就会变弱。不好的体态会让身体更容易受损伤，因为不好的力线会让椎间盘不断承受压力。此外，背部肌肉力量不平衡以及腹肌过弱的支撑易引发损伤，一个很平常但是很突然的动作就会伤及脊柱。例如，弯腰捡起掉在地面上的东西，转身伸手去够车子后座的东西。有一个平衡的后背肌肉力量以及强健的腹肌可以帮助你避免这样的损伤。

即使我们最喜爱的运动，如打高尔夫球、打网球和跑步，也会导致肌肉力量不对称和不平衡。例如，使用身体一侧背包或者提箱子，或者用身体一侧的髋部支撑数小时抱宝宝。

普拉提可帮助解决所有这些不良的姿势习惯，因为其动作可平衡锻炼肌肉力量及身体的柔韧性。正确的普拉提锻炼不一定需要花费很长的时间或者让你感觉疲乏，但是它肯定会逐渐地重新平衡你的身体。

不良体态

不良体态有很多种。接下来的两页，我会介绍主要的 4 种不良体态。

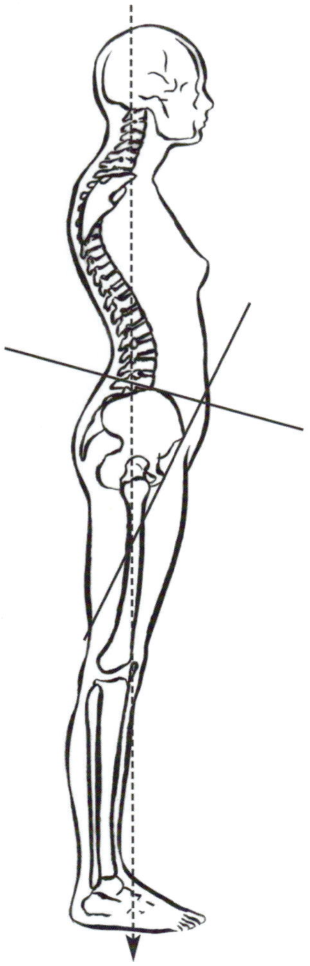

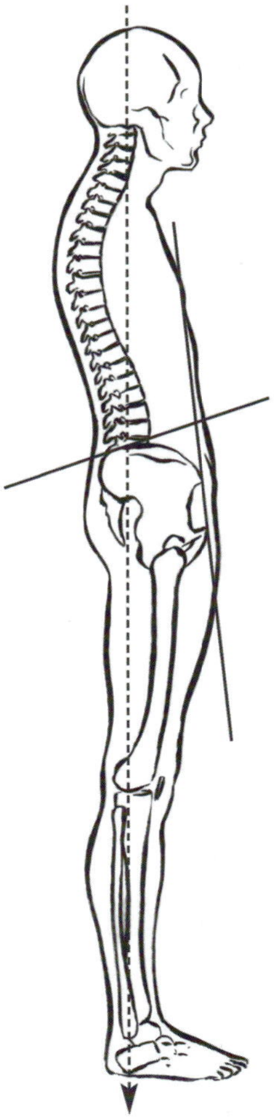

脊柱后凸 / 腰背偻俯

这种姿势的表现是圆肩驼背、头部前伸和腰椎过度伸展。总是这样站立的人会有腰背痛，并常错误地把不适仅仅归咎于背部肌肉的薄弱。但问题没有那么简单。在这样的姿势中，颈部伸肌（颈部后侧的肌肉），腰肌和髋屈肌（髋关节前侧的肌肉）过于强大和紧张。相反，腹肌和上背部肌肉过弱和松弛。可以通过拉伸颈部、腰部和髋部紧张的肌肉，以及加强腹部和上背部的肌肉训练来纠正这样的体态。

平背综合征

在这种姿势中，膝关节向后锁住，骨盆后倾，腰部的自然生理弯曲变平。肩部向前变圆，胸部塌陷，下巴前伸。这样的体态常见于青春期的男孩，他们想要看上去更酷；久坐的成年人也常见。与脊柱后凸 / 腰背偻俯一样，颈部伸肌需要被牵拉，同时上背部肌肉需要加强训练，才能减少上背部的曲线。但是在这种体态中，腘绳肌（大腿后侧肌群）是短缩的，也应该被牵拉，才可以让骨盆放松回到更加中立的位置。

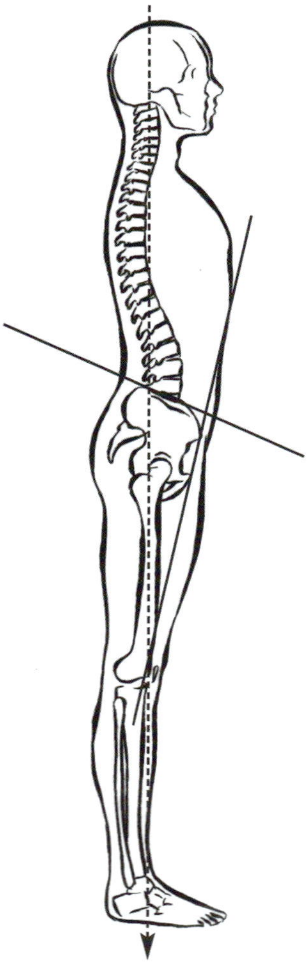

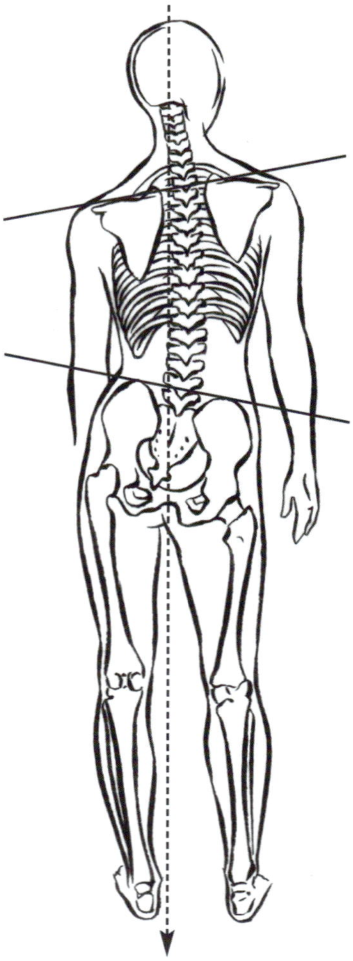

军姿

当我们尝试努力站直的时候，这个姿势是典型的表现。胸部向前挺，头部直立，导致特别僵硬的上背部和颈部。跟脊柱后凸 / 腰背偻俯的体态一样，腰背部过度伸展，膝关节向后锁住。这样站立的人会感觉全身僵硬和活动受限。我推荐整体的拉伸训练，强调呼吸和放松，还需要特别拉伸腰肌和髋屈肌。

骨盆倾斜

这是典型的女士站姿，这样的姿势会有它的代价：肌肉不平衡，身体一侧强，另一侧弱。一侧肩膀高于另一侧，躯干会向顺时针或者逆时针方向旋转，导致一侧臀部或者肩膀比另一侧向前。更不用说，这样的姿势在负重训练时和稳定性上是没有效率的。我推荐整体拉伸和力量训练，要特别注意拉伸身体紧张一侧的肌肉，加强肌力较弱一侧的肌肉，这样才会让整体的姿势更加平衡。

检查自己的姿势

对于第一次来我工作室的客户，我总是先做一个详细的健康检查。在我们开始学习 B.E.A.M. 基础动作前做一个体态评估。我喜欢这样的流程，因为通过观察一个人走路的体态我会了解到很多。毕竟，如果最终的目标是站得更直，或者强化某个肌群，对客户和我来说，知道我们的起点是有益处的，可帮助我们建立更加合理的长期目标。

本书的自我体态检查可帮助你自我评定和设立目标。当你在进阶普拉提训练的时候，时不时地回到这里重新评估自己，检查自己是否有进步，也许是有好处的。

理想的情况下，你应该站在镜子前进行体态的检查。为了使流程更简单，大声朗读这部分内容并录音，当你评估自己的时候可以回放录音。如果没有镜子，可以请朋友检查你的体态，然后你可以检查她的体态。

穿什么

观察自己的体态时，要确保穿着舒适合理，这样你可以看到自己的身体并且利于想象体内的骨骼（太松的衣服会掩盖很多问题）。脱下鞋子和袜子，这样就可以看到自己的脚。如果裤子太松垮，可以把裤腿卷起来，以看到自己的脚踝和膝盖。如果衬衫太大，把它塞进裤子里。最后，如果你是长头发，把它从颈部梳起来，这样可以更好地观察头部的位置。

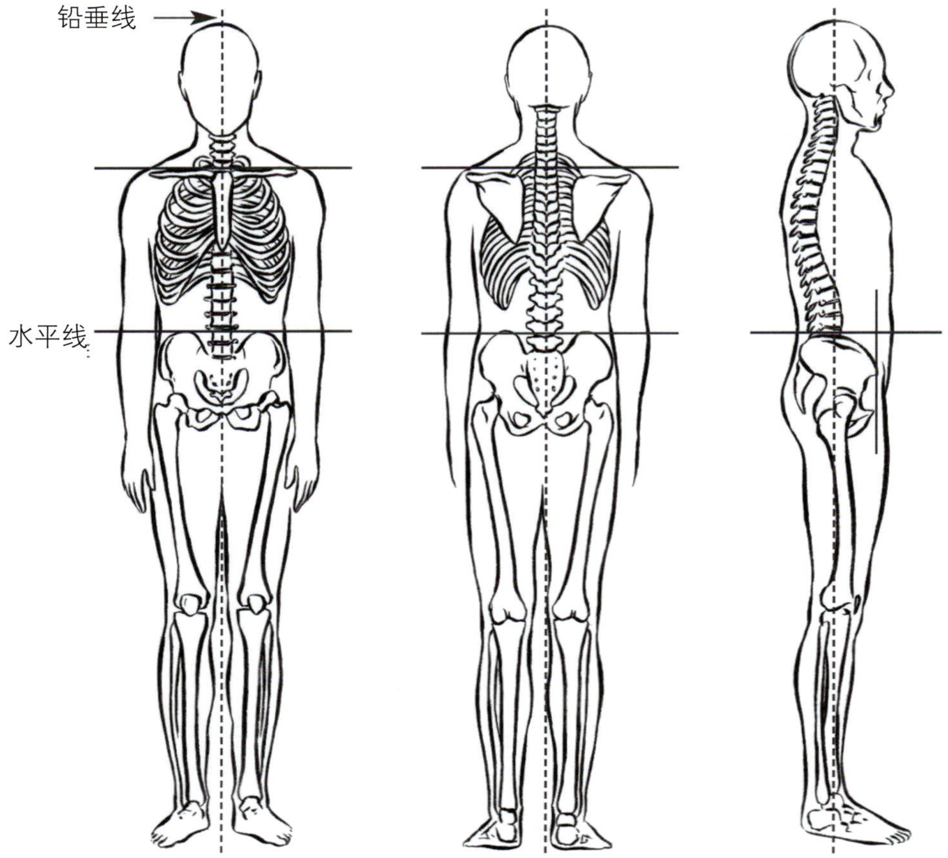

理想的体态：前面和后面观的铅垂线，是用来评估身体左右两侧对称性的。两条水平平行线代表肩部和臀部是平衡的。把这个与第 26 页骨盆倾斜的体态做对比。在侧面观，骨盆前侧垂直的线代表中立位的骨盆。观察这条线与骨盆上方的水平线是成 90° 夹角，把这个体态与第 25、26 页的不良体态做对比。

足部：基础

让我们从足部开始。我的一个导师，Carola Trier，曾经说过："你说你有脊柱疼痛？让我看看你的脚。"那是因为脚是整个直立身体的基础。把身体想象成一座建筑，把脚当作建造身体建筑的基础。如果这个建筑的基础有了不好的力线，上面的身体就会仿效这个不平衡来试图平衡你不稳的结构。这就是为什么力线不正的脚真的能够影响脊柱。

把手放在骨盆前面的髋骨上，脚在髋关节的正下方。提起脚趾离开地面，像打开扇子一样分开脚趾。把脚趾落在地面上，把你的体重均匀地分布在前足上。从脚趾到脚跟前后晃动身体，然后把重心放在脚的中间。把脚向内，向外翻动，然后把重心放在中间。

每只脚都应该感觉像一个三角凳子，体重均匀地分布于大脚趾、小脚趾及足跟。

腿部

继续着我们的“建筑”，腿部是这个建筑的两根柱子。保持每个脚的三点坚定地固定在地面，做一个微小的屈膝。观察你的髌骨相对于脚的位置，这个叫作“轨迹”。理想情况下，膝盖弯曲轨迹应该追随脚趾的中心，即第二和第三脚趾之间（图 1）。

如果膝盖轨迹朝向大脚趾，膝盖会内收，也许脚会变平。这样的站姿会让膝关节内侧承受很多的压力，导致关节的磨损（图 2）。膝盖的轨迹朝向小脚趾的情况较少见，见于大脚趾跗外翻疼痛的人，以及“O”形腿的人（图 3）。

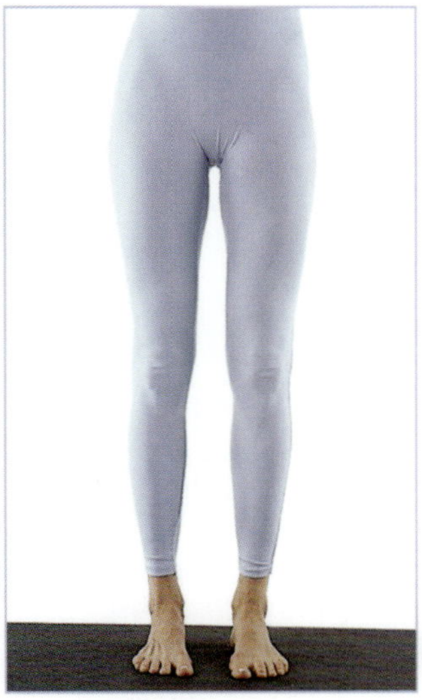

图1

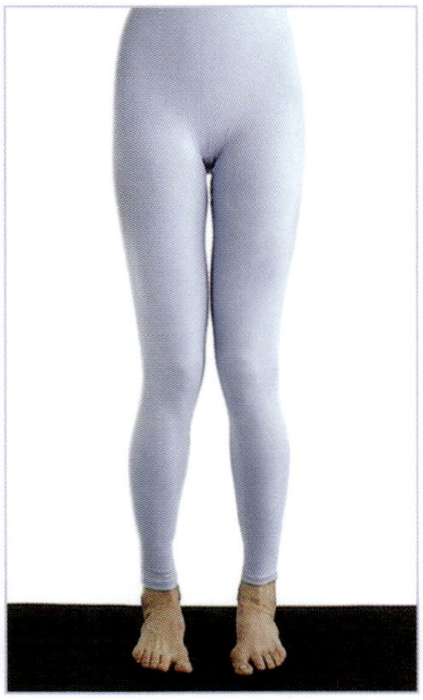

图2

图3

现在对着镜子侧面站立。再一次弯曲、伸直膝盖，当伸直的时候观察腿部垂直的线。膝盖还是弯曲的吗？如果是，说明股四头肌（大腿前侧的肌肉）肌力较弱。腿部是过度伸直（超伸）处在向后锁住的姿势吗？超伸不仅会给膝关节带来额外的压力，还会影响整个骨盆的平衡。因为由于腿部的错误力线，身体的其他部位一定会产生代偿。

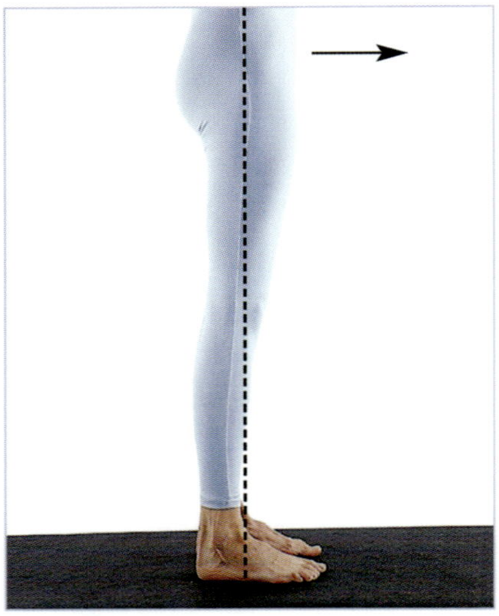

正确的姿势：理想的腿部力线，髋骨指向正前方。

错误的姿势：膝盖过度伸直（超伸）的腿部力线，会导致腰部过度伸展，髋骨指向下方。

骨盆桥

回到我们建筑的比喻，腿部的两个柱子在髋臼处插入骨盆——骨盆是身体上、下部分建筑之间的桥梁。为了稳定桥梁并给脊柱坚固的支撑，你需要强健的盆底肌。可以通过凯格尔训练锻炼盆底肌。尝试尽可能多地让盆底肌单独发力，对抗重力把它们向上拉——想象你的膀胱充满尿液，你要努力地阻止尿液排出。因为所有的动作都在内部，所以在乘坐电梯、排队购物，或者开车的时候，都可以进行凯格尔训练。

为了给垂直的体态额外的支撑，同时为了美，拥有强健的臀部肌肉很重要。特别要注意臀部的基底，即大腿后侧连接骨盆的区域。我把臀部的基底叫作“微笑”肌肉，因为它们应该在每个臀下形成一个好看的“U”形。要找到你的微笑肌肉，想象一个螺栓从一侧臀部外侧穿到另一侧臀部的外侧，要把这个螺栓拧紧。

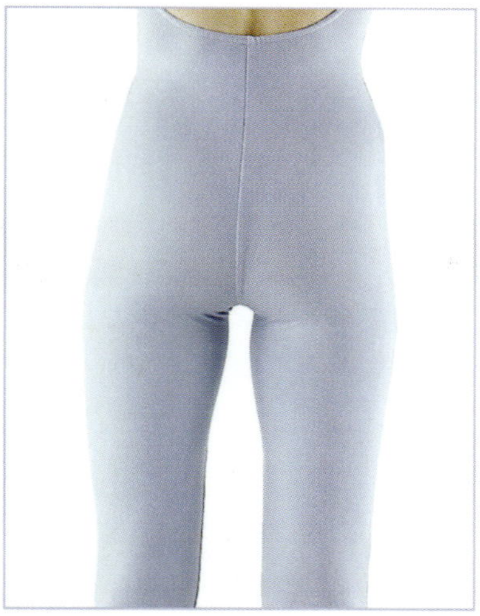

微笑肌肉是放松的

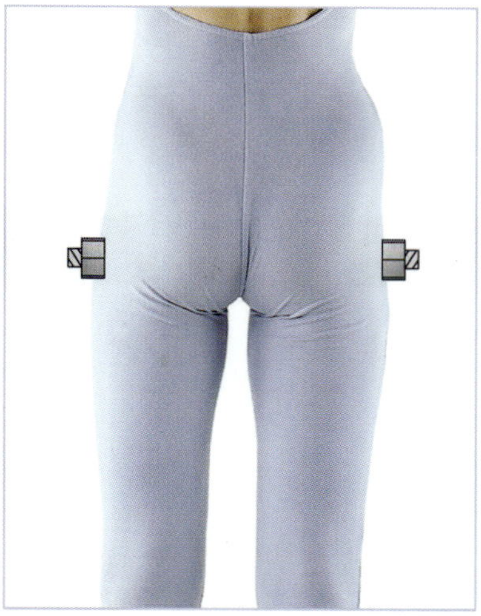

微笑肌肉是“拴住”或者发力的

骨盆中立位

接下来，让我们找到骨盆中立位。当你弯腰或者提重物的时候，骨盆中立位是对腰部最安全的姿势。把掌根放在骨盆前侧的髋骨上面，想象髋骨是汽车的前灯。骨盆中立位时，车前灯直射在前面，你可以清楚地看到前面的路（图 4）。但是，腰部过度伸展时，车前灯指向下方，你无法看到很多路（图 5）。相反的，当车前灯指向上方时，腰部就会失去它自然生理弯曲—— 你当然也不能开得很远（图 6）。

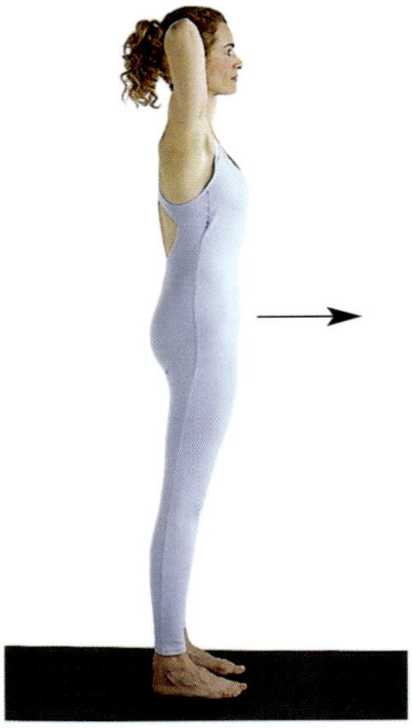

图4

图5

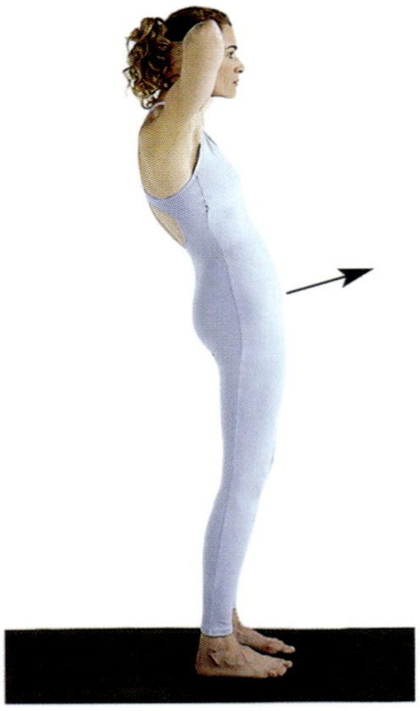

图6

尝试不同的骨盆姿势来平衡你的车前灯，过度伸展或者把骨盆向后、向前卷动，直到你自然地找到最佳的中立位。注意，下腹部必须工作来保持中立位。现在，调动盆底肌和微笑肌肉，用来强化骨盆中立位。

腹肌——力量带

约瑟夫·普拉提把腹肌叫作力量带，因为腹肌就像腰带一样包裹躯干。并且一旦你学会了合理使用腹肌，就可以把束腰永久地扔掉了，因为你再也不需要它了！

人体有四层不同的腹肌，类似洋葱的分层一样。第一层即最深层的腹肌是腹横机。它可在深呼气的时候有力地收缩，如咳嗽或者打喷嚏的时候。当腹横机收缩时，下腹部会变平。我把这个动作叫作“腹部下凹”。你可以练习凹进去的感觉，想象有一个腰带缠绕你的臀部，从一侧髋骨到另一侧髋骨。用鼻子深深地吸气，当你用嘴呼气时，想象你把腰带再系紧一个扣，并让两块髋骨靠得更近，同时保持骨盆的中立位（图 7）。

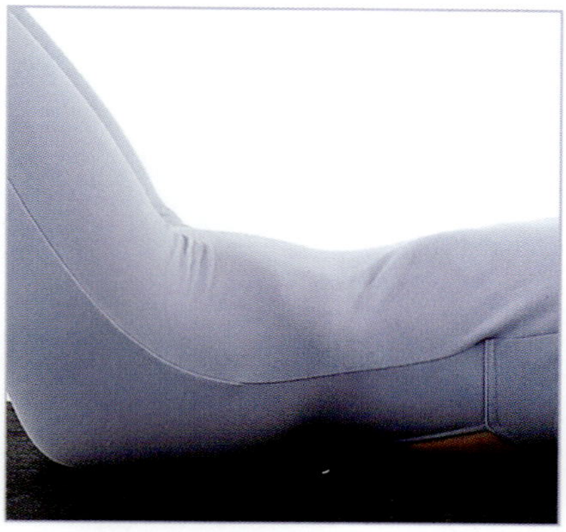

图7

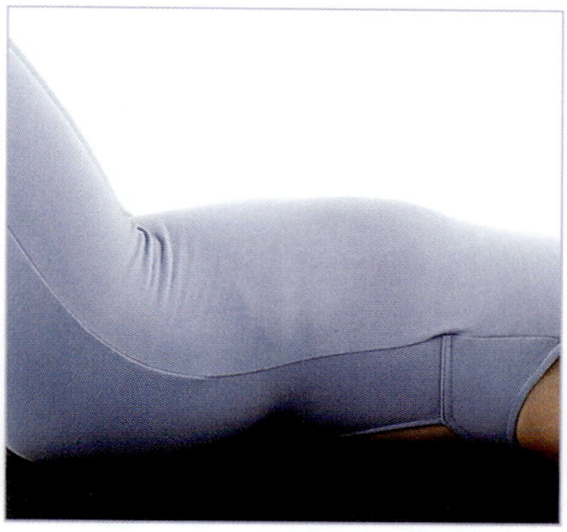

图8

与凹进去相反的动作是“鼓起小腹”，很多人开始学习普拉提的时候，发现他们是在无意识地训练腹横肌鼓起，而不是凹进去（图 8）。对自己要有耐心，不断练习 B.E.A.M. 基本动作，你肯定可以把这个做好。

第二层和第三层腹肌是腹内斜肌和腹外斜肌，它们从身体前侧斜向交叉通过。我喜欢想象成两个三角形在躯干的前侧。第一个三角形的水平底边在两个髋骨之间，顶点在肚脐。第二个三角形是倒立的，顶点也在肚脐，但是底边水平拉伸在肋骨的前侧（图 9）。要调动你的腹斜肌，再一次呼气，想象两个三角形的顶点相交，然后稍微重叠（图 10）。

第四层腹肌也是最表层的腹肌——腹直肌。其垂直地从耻骨一直向上走行到胸骨。腹直肌被健美运动员当作“炫耀”肌肉，他们以有着完美的“6块腹肌”而自豪。我喜欢想象拉起一条特别紧的牛仔裤的拉链，或者穿上紧身衣来调动腹直肌。

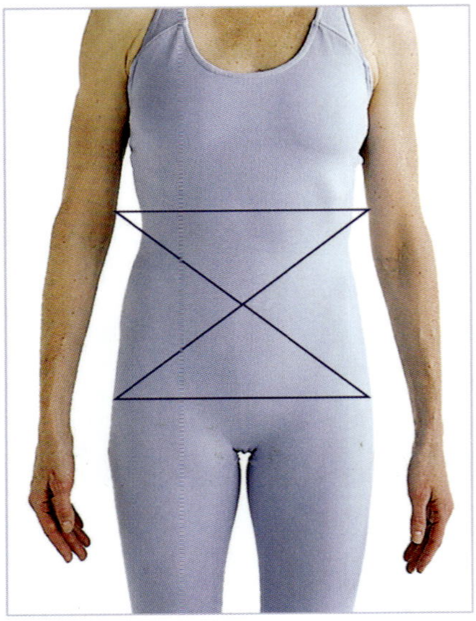

图9

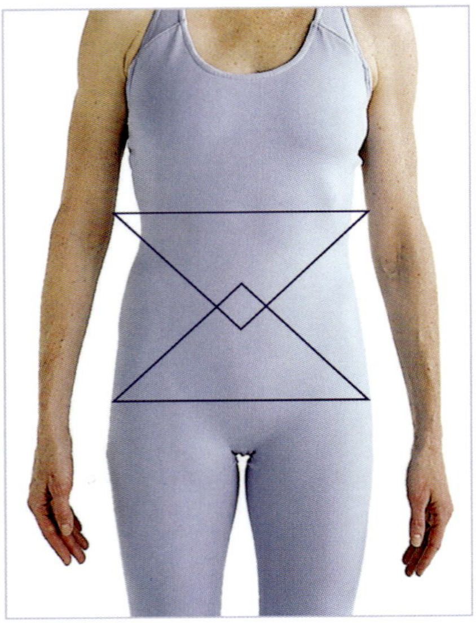

图10

普拉提能量房

我在第一章提过，普拉提方法是基于这样的概念，即身体所有的运动都应该从一个强大而居中的能量房中发出。能量房包括盆底肌微笑肌肉、下腹部肌肉，以及腰肌。当这些肌肉同时收缩的时候你的能量房就工作了（这个叫作协同收缩）。当你抬东西或者弯腰的时候，甚至进行书中的练习时，最有支撑的方法就是调动你的能量房，所以你要正确执行这个概念。

要找到你的能量房，把一只手的掌心放到下腹部，另一只手的掌心放到腰部。用鼻子深吸气然后用嘴呼气，把下腹部向上向内拉向脊柱。完全呼气，当腰部变细时，双手会靠得更近。普拉提把这个动作叫作“肚脐拉向脊柱”。练习几次肚脐拉向脊柱，同时收缩盆底肌、腹直肌、力量带和微笑肌肉。恭喜，你刚刚找到了你的能量房！

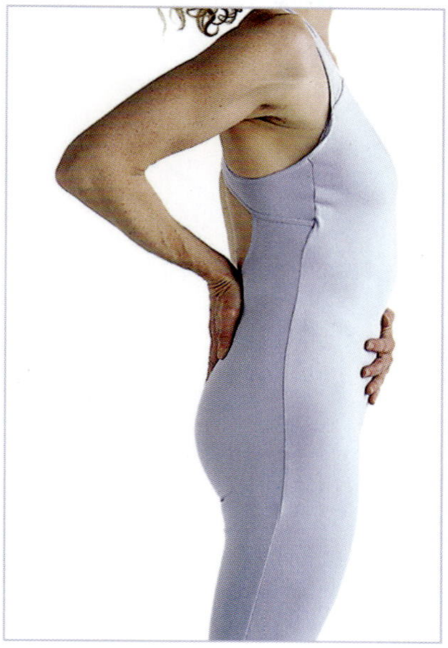

吸气：放松的能量房

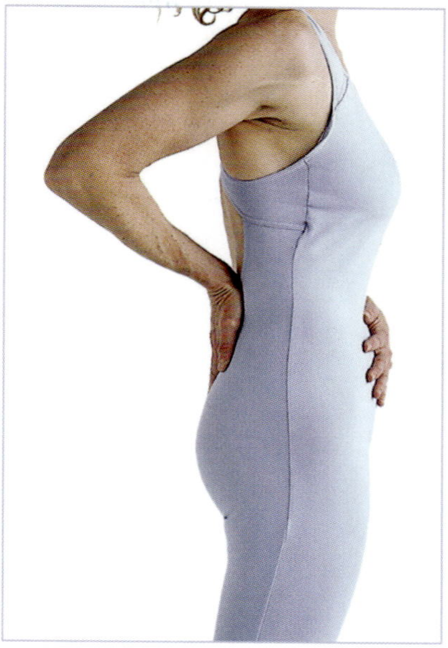

呼气：工作的能量房

身体建筑的上部

位于能量房上面的是身体建筑的上部，包括胸廓、肩、颈和头。当你向上观察脊柱时，可以很容易看出下半身的不平衡是如何通过更多的体态问题所反映和平衡的。紧张的上背部、肩部和颈部肌肉可以引起紧张性头痛，并且圆肩的特征也会让人看起来更老。当然，正如我之前提到的，不良的体态会消耗你的能量。

再从侧面观察一下理想的体态和不良的体态（第 23、25、26 页），这次注意一下肩、颈椎和头的垂直位置。在理想的体态下，肩关节在髋关节垂直线的正上方，耳垂垂直位于肩关节上方。当头和脊柱平衡时，下颌骨垂直位于喉咙上方。

让我们回到你躯干前面的两个三角形的图像，呼气时三角形合并在一起。做这个动作时身体侧面转向镜子，并且注意，调动腹斜肌可以移动肩部到髋

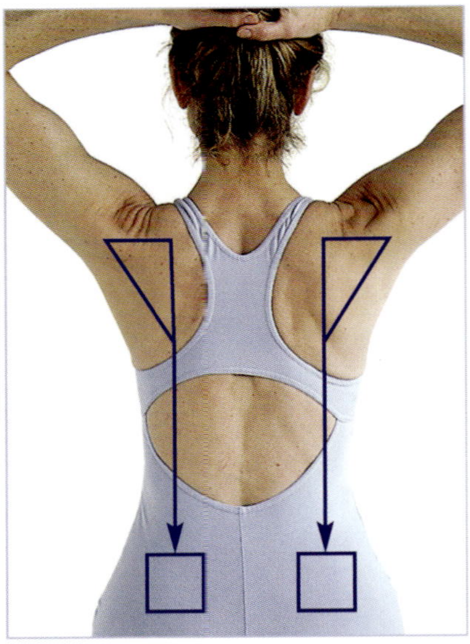

正确的肩部姿势

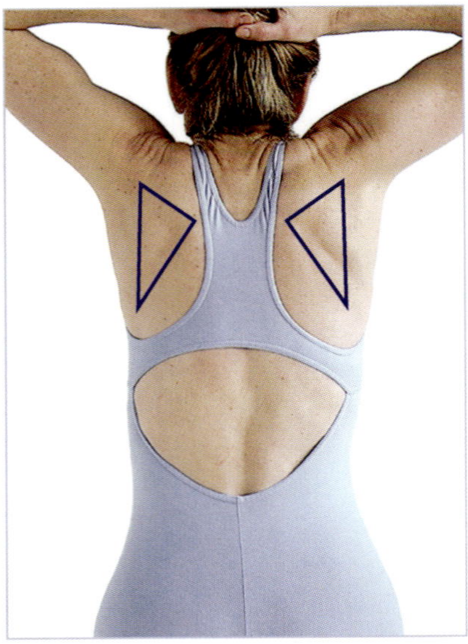

错误的肩部姿势

部的正上方，真的可以改善姿势。

现在想象扁平的三角形肩胛骨拥抱肋骨的后侧。当你视觉化这个画面的时候，你肩膀的前侧开始打开了。吸气，然后呼气，将肩胛骨的下角向下拉，想象它们滑入你后侧的口袋（上页左图）。不要让你身体前面的三角形分开！放松手臂，自由地垂在身体两侧。

现在，点头做“是”的动作。逐渐平衡头部在脊柱上方，专注于伸长颈后部肌肉。在这个新的姿势下让眼睛直视前方，并再一次检查你的整个身体。收紧你的能量房但是放松任何多余的紧张感。

同时通过你足底的三角感觉与地面的连接，想象你被一根巨大的提线从头顶悬挂在天花板上。我把这种想象叫作“两个方向的能量”，因为它让你同时向两个不同的方向延长。

保持两个方向的能量，并且关注你的眼睛，抬脚跟，前脚掌着地测试平衡。保持体重平均分布于前足（图 11），要避免脚向外或向内滚动（图 12，图 13）。当你试着保持平衡时如果整个身体向前倾或向后倒，这是在告诉你，你的姿势仍然没有正确地平衡好。

依旧感觉提线从头顶吊着你，慢慢把脚跟落到地面。你应该可以感觉到比刚开始时提得更高，落下更轻。

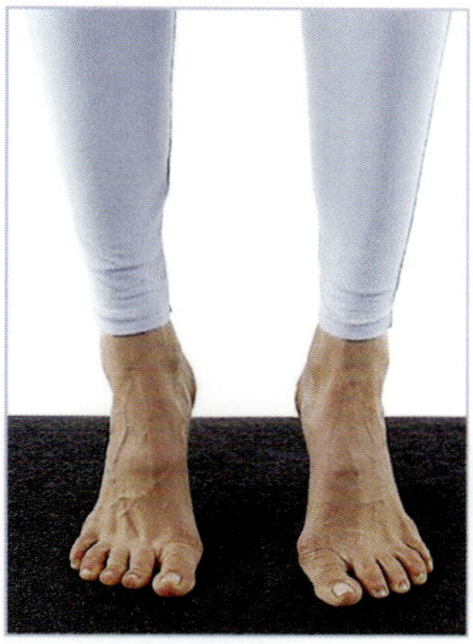
图11

图12

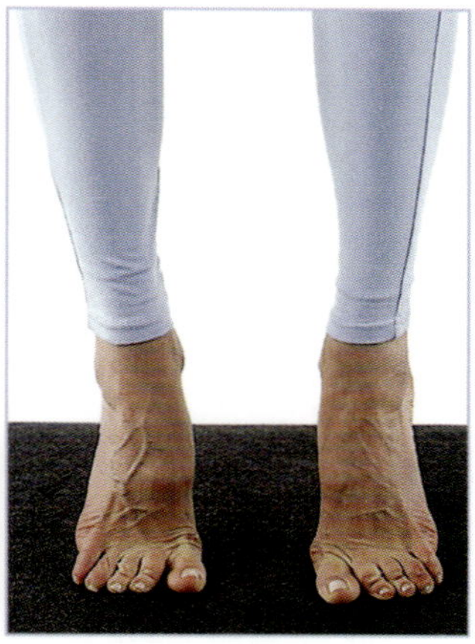
图13

体态提示

请记住这些附加提示，有助于你一整天都保持正确的姿势：

* 使用双肩包，而不是单肩包；如果你一定要背单肩包，交替使用不同的肩膀以避免变成一侧歪斜。
* 坐立时不跷二郎腿。
* 在坐下之前，把钱包从裤子后面的口袋里拿出。
* 使用电脑上方的陈列架放置文件。如果不可行，在电脑两侧放置文件，这样头不会总是转向同样的方向。
* 更换磨损的鞋底。
* 如果你穿高跟鞋，每天换不同高度和形状的鞋子，并且意识到高跟鞋容易让你的腰部过度伸展。
* 抱宝宝的时候使用婴儿背带，这样你不需要使用同一个肩膀和臀部来支持婴儿的全部重量。如果你没有背带，尽可能两侧交替抱宝宝。
* 弯腰或提重物的时候，弯曲腿部，蹲下，而不是弯曲腰部。
* 通过使用能量房的肌肉，始终保持脊柱中立位。
* 提起重物时呼气，搬运物体时保持它靠近你的身体。

如何坐

到目前为止，在本章中，我已经谈了理想的站立姿势。但是当你坐下，尤其是坐在地面上，而不是坐在椅子上时脊椎会发生什么？你是否容易弓背和塌腰？紧绷的腰部或不灵活的髋部以及短缩的腘绳肌会阻止你坐直吗？

因为很多普拉提垫上训练和 B.E.A.M. 基础动作中的呼吸训练都是从“坐高”开始，这值得你花一些时间通过工具来试验一下，这样你就能舒服地在垫子上坐一段时间。下面的图片演示了盘腿坐姿。你也许会注意到跟我们已经看过的一些不良的姿势有相似之处。

我经常看到学生有相对好的站姿和好的在椅子上的坐姿，但是他们在地面上的垫子上却不能坐高。这样的柔韧性缺乏会阻止脊柱有好的力线，并且肯定会阻碍你掌握普拉提的垫上训练。所以如果你是这些人中的一员，你会怎么办？

良好的坐姿

坐立的军姿

坐立的平背

尝试使用折叠的浴巾、硬毯子或枕头，为自己做一个小宝座。把臀部坐在宝座上，脚踝放于地面。宝座的高低并不重要，总的来说，灵活性越差，它就应该越高。使它足够高，这样你就可以从臀部坐高，并且延长你的脊柱（记住提线绳子的画面，并且感觉自己被向上提拉起来）。

如果觉得髋关节不舒服，是因为这样坐时它们被牵拉了。可以把枕头或毛巾垫在膝下，这样在这个姿势下它们就有了支撑。当你变得更灵活时，可以逐渐降低支撑物的高度，总有一天你会再也不需要它们的。请记住，对你来说重要的是坐着的时候要感觉舒服和挺拔，这样才可以正确地执行呼吸和运动指令。

使用垫子来达到良好的姿势

这就是我的体态课程。现在你已经知道正确的站姿和坐姿的构成要素，并且也评估了自己的体态，是时候开始锻炼身体了。所以下一章你会学到我的普拉提热身动作——B.E.A.M. 基础动作。

准备

在你开始 B.E.A.M. 基础动作之前，记住以下几点：

* 确保你没有任何会妨碍做这些动作的健康问题。

* 怀孕、体形不好或者从没有做过锻炼，在开始这个锻炼或者任何锻炼之前，请先咨询医生。

* 进餐半小时后方可开始锻炼。

* 要确保喝了足够的水，以免脱水。一定要休息好。

* 选择舒服的、合适的衣服，这样你可以看到和感觉你的身体是在正确的力线下工作。

* 如果你是长发，在头后方梳好。

* 确保锻炼的地方空间足够大。你需要足够的地方躺下来，手臂伸直举过头顶。如果手臂或脚碰到了墙壁或者家具，你需要选择更大的空间。

* 在开始之前，准备几样训练时需要的工具：一个可以躺下的垫子；中高阻力的 1 米长（或者更长）的弹力带；硬实的枕头或者折叠的毛巾。开始时，至少需要一个大的可折叠的浴巾，你可以坐在上面；一块小点的毛巾，当你躺下的时候，可以折叠或者卷起来支撑头部和颈部。当你的身体更强壮了，你可以加减更多的工具。

第二部分　你的身体在运动

【第三章】

打好基础：B.E.A.M. 基础动作

正如脚是良好直立体态的根基，B.E.A.M. 基础动作也是普拉提训练的根基。这些基础动作可帮助身体和心灵做好训练的准备，并可提高你对下一章中的更具挑战的经典垫上动作的理解和操作能力。

就像我在前面解释的，B.E.A.M. 是首字母缩略词，分别代表呼吸、能量、力线和动作。因为“B”代表呼吸，自然你要首先观察气体是如何进出身体的。接下来，建立有意识控制的呼吸，让它成为你整个身体和心灵的动态的能量（B.E.A.M. 中的“E”）。当你调动最深层的腹肌（力量带）及盆底肌进行每次呼气时，你会增加对身心结合的理解。

“A”代表力线。你要学会视觉化你的骨骼结构，它们给你身体的所有动作提供支撑。在开始运动之前，如果你可以视觉化骨骼结构的最好力线，你的动作会更有效率，对身体的压力会更小。

“M”代表动作，是 B.E.A.M. 的最后一部分。不论是练习普拉提、参加竞技体育，还是在街上走路，你会发现把呼吸、能量和力线的新知识应用到动态运动中，是一种令人兴奋的体验。

有益提示

B.E.A.M. 首字母缩略词会出现在每个动作旁边，用来提供以下内容的快速概述：

* 呼吸，给出了动作的呼吸模式。
* 能量，建议当你做动作时，应该记住的想象画面或者视觉化画面。
* 力线，列出来每个动作的重要力线点。
* 动作，用图片演示了每个动作应该看起来的动态模式，从开始到结束。

B.E.A.M. 基础动作被设计成进阶模式，即每一个新的动作都建立在上一个动作学到的技能上。按照我展示的顺序，花点时间分别学习每一个基础动作。直到完全掌握了上一个动作，才可继续到下一个动作。花时间掌握每一个动作可帮助你建立一个强大的能量房 ，增强更有效的呼吸控制，以及最重要的，帮助你发展强壮、优雅、流畅的运动。

注意：学习 B.E.A.M. 基础动作的顺序有一个例外。当你做到脊柱伸展时（见第 72 页），你可以选择把脊柱伸展替换成飞机动作（见第 74 页）。关于加强背部的肌肉，我演示了两种不同的训练，因为不是每个人都可以舒服地趴上一段时间，如脊柱伸展。飞机动作是一个非常好的以四足支撑的脊柱伸肌替换训练。如果你选择做飞机动作，请先做手肘俯卧撑，作为准备动作。

我在侧边栏“身体扫描”中描述了该练习应避免的动作。 我在所有“身体扫描”的照片中都穿了深蓝色的紧身衣，让你很容易看出这些不正确的动作。

上图是推荐小器械，可以用来帮助支持你的普拉提基础锻炼：

* 仰卧时，根据需要使用颈枕支撑头部。

* 坐在折叠的瑜伽毯或毛巾上，可以坐得更高。

* 注意弹力带有不同的宽度、颜色和阻力度。根据你的力量、柔韧性和动作选择一种或多种。

* 如果想要感觉更舒服的话，可以使用扁平的靠背放在头下（不使用颈枕）。俯卧时，如果感觉腰部紧张，也可以把扁平的靠背放在髋下。

坐姿呼吸

当然，你的锻炼一定要从有控制的呼吸开始。普拉提训练是有节奏的，但是我们不需要音乐，所以呼吸的控制对于正确完成动作是非常重要的。这里你要专注两种呼吸：缓慢的、深层的呼吸，以及短促的冲击式呼吸。不同的呼吸模式会帮助你关注每个动作的正确节奏。

呼吸

鼻吸，嘴呼。每一次呼吸，让最大量的气体进出肺部。

能量

吸气时，想象肋骨架像手风琴一样水平扩张。呼气时，想象你的“拉链”（腹直肌）、力量带、肚脐拉向脊柱，想象腹部的三角形。

力线

上半身直立（图3），肩部位于臀部正上方，并且感觉自己伴随每次呼吸都坐得更高。

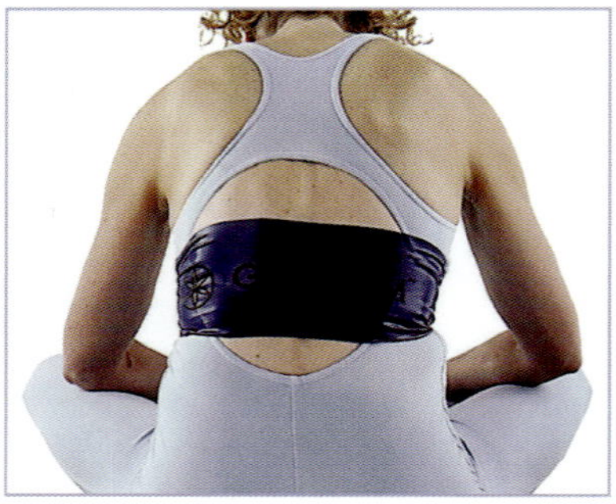

图 1

* 开始前，把弹力带缠绕在胸廓下部，并在前侧系好。拱起背部把后侧的肺部打开。呼出全部的气体。呼气时，调动“拉链”并且把肚脐拉向脊柱。

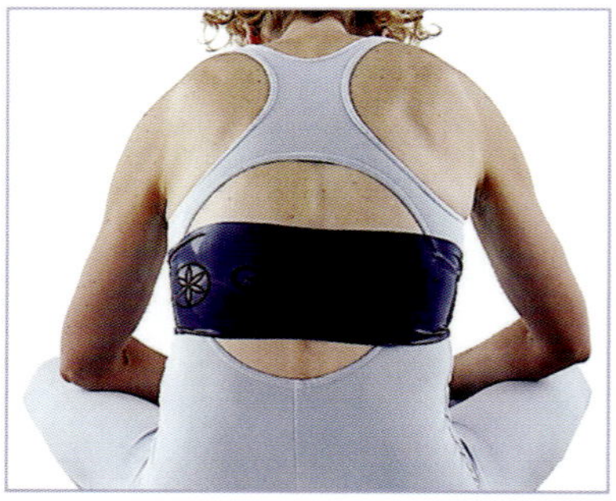

图 2

* 用鼻子深吸气，集中感觉肋骨侧面和后面的弹力带被撑开（注意吸气时，弹力带上面的字母向两侧拉开了）。当你像气球一样给肺部充气的时候，避免上提肩膀或颈部变紧。当你用嘴呼出所有气体时，允许肋骨和弹力带放松。持续这种缓慢的深呼吸。鼻吸，嘴呼，重复 6~8 次。

动作

图 3

* 把弹力带放在身边，从髋关节尽可能地坐直坐高。把手放在下腹部，手指分开。想象有一个腰带绕在臀部上，从一个“车前灯”到另一个“车前灯”。用嘴把全部气体呼出去，想象腰带又系紧了一个扣。

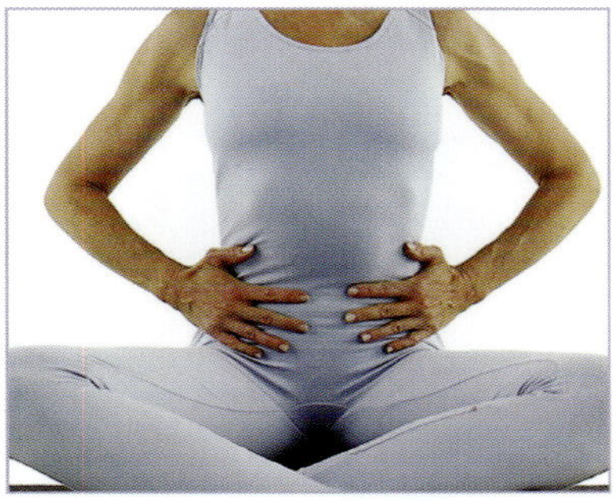

图 4

* 吸气时数 5 个数，扩张肋骨的侧面和后面。

图 5

* 呼气时数 5 个数，“拉链”向上拉紧，“力量带”水平系紧。当你全部呼气后，手指应该在你的小腹上交叉。进行 5 次缓慢的深呼吸：每一组鼻吸 5 次，嘴呼 5 次。然后把呼吸节奏转换成快速的冲击式呼吸。鼻吸 2 次，嘴呼 2 次。这个叫作“嗅嗅，呼呼”呼吸模式。进行 10 组“嗅嗅，呼呼”。

选择

* 如果你坐直比较困难，可在臀下放硬点的枕头或者折叠的毛巾，以帮助你延长脊柱，放松、打开髋关节。如果你的髋关节特别紧，还可把枕头放在膝盖下方。

身体扫描

* 刚开始进行呼吸训练的时候，感觉有点头晕是正常的。任何原因导致的吸气或呼气费力，都请减少呼吸的时长或重复的次数，直到你感觉可以做更多的次数。根据自己的情况进阶，如果你出现头晕或恶心，停止这个动作。

转换

* 保持坐姿，准备做手臂上提。

手臂上提

手臂上提动作会把呼吸训练和简单的动作结合在一起。抬起手臂可促进肺部完全充气。把手臂举过头顶时，应集中注意力稳定肩膀下沉远离耳朵。

呼吸

吸气时抬手臂过头，呼气时把手臂放至起始位置。

能量

想象一根提线从头顶悬吊到天花板上，当提线向上拉的时候，从髋部延长你的脊柱。

力线

你的肩膀应该保持在髋关节正上方。把手臂举过头顶时，身体前侧的“三角形”应该保持重叠。

图 1

* 坐直坐高，手臂在身体两侧延展，掌心向上，指尖稍微离开垫子。在起始位置用嘴呼出所有气体。

动作

图 2

* 开始吸气，把手臂从身体两侧抬起，掌心相对。

图 3

* 当手臂到达头顶时结束吸气，掌心相对。使用两个方向的能量。向上延展但是保持肩膀下沉。

图 4

* 旋转掌心朝外，呼气放下手臂至起始位置，掌心朝下。旋转你的掌心朝上准备再次开始，重复 6 次。

选择

* 如果你发现肩膀抬起来了，调整过头手臂到"V"形的姿势

身体扫描

* 想象你的肩胛骨向下滑到后侧的口袋。
* 抬起手臂过头的时候，避免耸起肩膀靠近耳朵（见第 36 页）。

转换

* 四足支撑，准备做猫式。

猫式

普拉提研究了人类的进化以及婴儿的发育，所以他设计了很多四足支撑的动作。猫式强调了脊柱的稳定性和灵活性。与 B.E.A.M. 原理相结合，特别要注意呼吸的控制，以及脊柱流畅、有韵律的活动。

呼吸

弓背时呼气，凹背时吸气。

能量

想象一根线从你的头顶穿过，经过脊柱，从尾骨出来，并且延伸到你身后的墙上。

力线

始终保持双膝在双髋正下方，双手在双肩正下方。

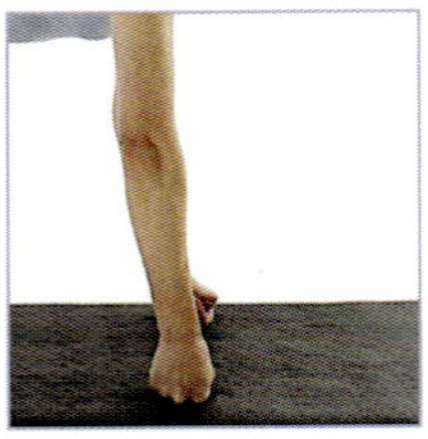

图 1

* 形成一个平的桌面。双手在双肩正下方，双膝在双髋正下方。如果你不能弯曲手腕，可以握拳支撑身体。深吸气到你肋骨的侧面和后面。

动作

图 2

* 呼气，腹部内凹靠近脊柱，后背变圆像一只受到惊吓的猫。头和尾骨向彼此靠拢。

图 3

* 吸气，将曲线反转为凹背，就像一匹老马的脊柱。这里不要鼓起腹部；拉伸你的前侧，但是保持腹部发力！重复 4 次，慢慢地从猫到马。

选择

* 如果你有手腕或手肘的问题，可以用前臂支撑上身。

身体扫描

* 避免耸肩及手肘过伸。

* 确保不要过度伸展颈椎。

转换

* 仰卧，把膝抱向你的胸部，准备做仰卧抱膝。

仰卧抱膝

仰卧抱膝开始了仰卧系列的基础动作—— 一个能让你感觉到腹部“掉进”腰部的完美姿势，当你站立起来的时候也应该保持这样的感觉。在这里要专注感觉骨盆的中立位和颈部的姿势，动作只发生在髋关节。

呼吸

放松的姿势下吸气，抱住膝盖时呼气。

能量

想象一个延长的脊柱，从头部到尾骨。肩胛骨下滑插入后侧的口袋，同时打开身体的前侧。

力线

在头下和颈下放一个小枕头来帮助保持正常的生理弯曲。

图 1

* 在头下和颈下放一个小枕头。双手放在小腿上，手肘向外；肩膀下沉远离耳朵。在起始位置用鼻子深吸气。

图 2

* 当你把膝盖向内抱时，用嘴呼出全部气体。吸气放松。重复 2 次。

动作

图 3

* 最后一个抱膝后，起始位置吸气。

图 4

* 呼气，把双膝抱向右侧的腋窝。

图 5

* 继续呼气，把双膝抱向身体中心。

图 6

* 完全呼气，把双膝抱向左侧的腋窝。

图 7

* 吸气，回到起始位置。做 3 个画圈动作，抱膝通过胸部时呼气。反方向再做 3 个画圈。

选择

* 如果你有膝关节问题，可以把双手放在膝盖后侧。

身体扫描

* 把膝盖抱向胸部，不要把你的肩膀拉向你的膝盖。
* 保持颈部中立位，避免颈椎向后倾斜。

转换

* 保持右膝弯曲，伸展左腿放在垫上，准备做单膝画圈。

单膝画圈

单膝画圈动作让大腿独立于髋关节做画圈动作。这些动作也可以提高髋关节的灵活性与骨盆的稳定性。整个动作骨盆应该保持固定。保持小幅度的画圈，呼气回到起始位置时，进一步收紧腹部。

呼吸

开始画圈时吸气，结束时呼气。

能量

想象你的髋部是一个臼，你的大腿是一个轻的杵。

力线

调动你能量房的所有肌肉来稳定你的骨盆。支撑腿在髋部正下方，就像你单腿站立一样。

图 1

* 把左手放在你左侧“车前灯”上，右手轻轻抱住右膝。

图 2

* 吸气，轻微地“搅动”右腿经过身体移向左侧的腋窝。

动作

图 3

* 继续向下“搅动”右膝并远离身体中线。

图 4

* 开始呼气，朝向腋窝打开右膝。保持左侧“车前灯”固定不动。

图 5

* 当膝盖绕回到胸部时结束。每个方向做 3 次“搅动”。换腿时，深吸气。再次呼气时，把左膝抱向胸部，伸直右腿放在垫上。把右手放在右侧“车前灯”上。左手轻轻抱住左膝。每个方向做 3 个“搅动”。

选择

* 当支撑腿完全在地面伸直时，如果腰部或者腿部感觉不适，可以弯曲支撑腿，把脚平放在垫子上。

身体扫描

* 当你“搅动”膝盖时，避免“车前灯”向两侧倾斜。
* 单独活动你的髋关节，同时保持“车前灯”的平衡。

转换

* 弯曲双膝，双脚放在垫子上，与髋部在一条直线上，准备做骨盆后卷和拱起。

骨盆后卷和拱起

这个训练可帮你在仰卧时找到自己的骨盆中立位，并可让你练习主动下凹小腹时保持臀部肌肉不发力。保持动作幅度小、精准，同时与呼吸很好地配合（注意：在第二章中，你已经在垂直体位下练习过这个技巧了，见第 31 页）。

呼吸

呼气时骨盆后倾，吸气时骨盆前倾。

能量

在起始位置时，想象一个延长、灵活的从头部到尾骨的脊柱，想象“车前灯”垂直射向天花板。

力线

在身体两侧延长手臂，手掌下压垫子。肩膀下沉远离耳朵。感觉每只脚的三点结实地踩在垫子上。

图 1

＊仰卧，脊柱中立，双膝弯曲，双脚分开与髋同宽，手臂在身体两侧延展（注意：训练时你的手臂要保持这个姿势。下图手臂的位置变换是为了演示骨盆的动作）。鼻子吸气到肋骨的侧面和后面。

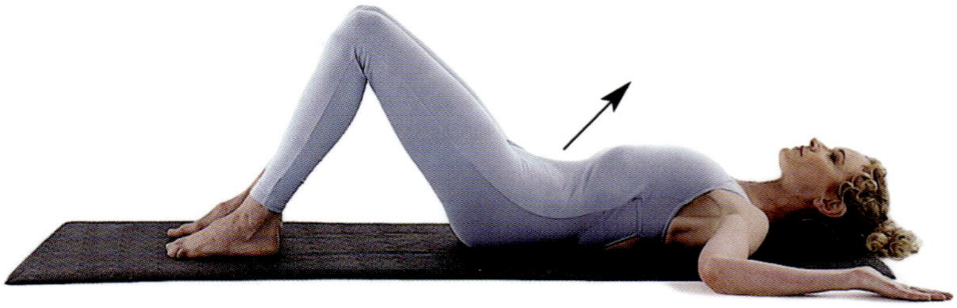

图 2

＊呼气，下凹小腹让小部分脊柱变平贴到垫子上，这个是骨盆后卷。在这个姿势下耻骨是向上倾斜的，“车前灯”射向下巴。单独使用最深层的下腹部肌肉使脊柱变平，不要使用臀部肌肉。

动作

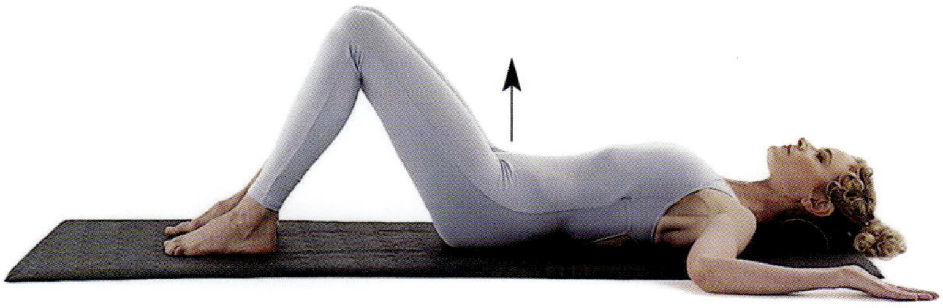

图 3

* 吸气，回到中立位。呼气，保持住中立位，不要改变力线。

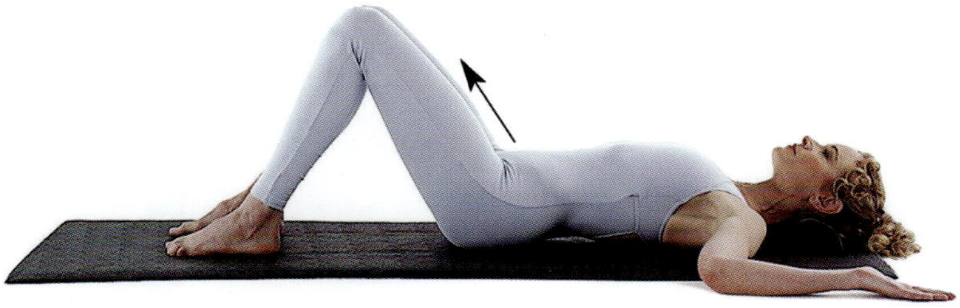

图 4

* 吸气，拱起腰部。腰部和垫子间的空隙稍微变大。耻骨向下倾斜，“车前灯”射向弯曲的膝盖。注意在这个拱起的位置，腰部和垫子间的空隙变大。

图 5

* 呼气回到中立位。重复一次缓慢的动作。接下来进行快一点的动作，骨盆后卷拱起重复 4 次，不停留在中立位。

选择

* 当你进阶时，让双脚离臀部的距离远一点，可以增加难度。

身体扫描

* 不要收缩臀部或腰部肌肉。单独使用你最深层的下腹部肌肉，使脊柱变平。不要鼓起肚子。

* 只在下腰部保持微小的拱形。不要拱起中部和上部脊柱。

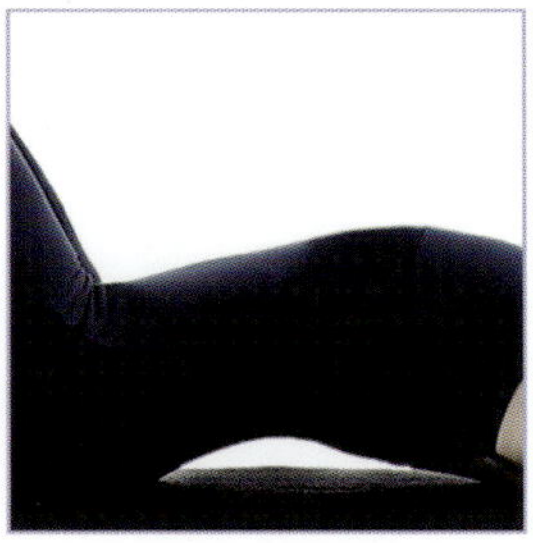

转换

* 拿开头下的枕头，准备做下巴回收和颈部拱起。

下巴回收和颈部拱起

这个动作可帮助你找到头部、颈部和肩部的中立位，这样你脊柱上方的头部可以处在一个放松、有效的姿势下。

呼吸

呼气回收或拱起，吸气回到中立位。

能量

想象一根提线从你的头顶向上延伸，拉长你的颈椎。

力线

下颌骨与颈部形成一个直角时，头部是中立位。就像骨盆中立位一样，颈部和垫子之间会有一些空隙。

图 1

*吸气，脊柱中立位，双膝弯曲，双脚平放在垫子上，手臂在身体两侧延展，掌心向上。

动作

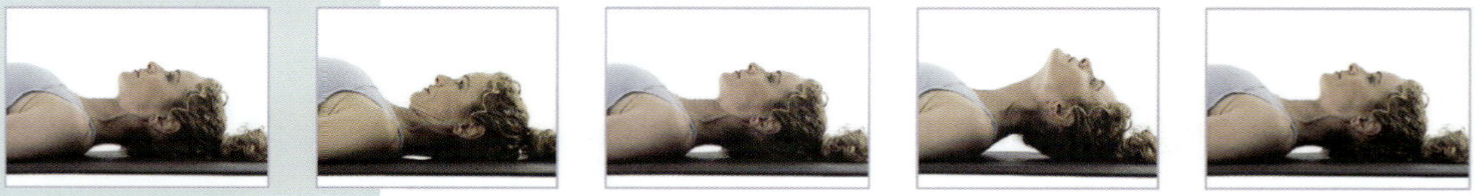

图 2

* 呼气，收起下巴靠近胸部，延长颈后部到垫子上。

图 3

* 吸气，放松，回到中立位。

图 4

* 呼气。过度拱起颈部，朝下看向你身后的墙。吸气时回到中立位。重复 4 次缓慢的动作，停止在中立位。然后重复 8 次快速的动作，呼气收回，吸气拱起。

选择

* 如果肩部紧张，打开手臂远离身体，转动手掌至掌心向上。

身体扫描

* 避免特别过度拱起颈部，这样会压迫颈部的椎体。

* 时刻保持肩部下沉，远离你的耳朵。

转换

* 移动垫子靠近墙边，准备做活塞动作。把枕头放在头下来支撑头部和颈部。

活塞动作

活塞动作挑战你在移动双腿时身体中立位的稳定性。这个动作看上去简单，但是正确做这个动作时，会感觉下腹部肌肉在非常努力地工作，以在你移动双腿时保持脊柱中立位。

呼吸

呼气抬起一只脚，吸气换脚。

能量

每次抬腿前，想象通过你的“拉链”和“力量带”，肚脐拉向脊柱，重叠“三角形”来稳定整个躯干。

力线

稳定每只脚的三点，双脚分开与髋同宽。保持大腿垂直于地面，小腿平行于垫子。在头下放一个枕头。

图 1

* 仰卧，脊柱中立位，双脚放在墙上，手臂在身体两侧延展。吸气、呼气，没有动作，想着“拉链”和“力量带”，肚脐拉向脊柱，重叠“三角形”。

图 2

* 再次吸气和呼气，移动右脚稍微抬离墙面。吸气把脚放回。重复 3 次。

动作

图 3

* 吸气、呼气，没有动作，保持稳定性。吸气，然后呼气，移动左脚稍微抬离墙面。吸气，把脚放回。重复 3 次。

* 现在增加点难度：吸气、呼气，没有运动，保持稳定性。吸气、呼气，移动右脚，保持在空中。在这里吸气、呼气，移动左脚。吸气，保持双脚在空中。呼气，放回右脚。吸气，保持。呼气，放回左脚。

* 接下来，反向做这个动作。吸气不动，呼气移动左脚，保持在空中。在这里吸气，然后呼气移动右脚。吸气，保持双脚在空中。呼气，放回左脚。吸气，保持。呼气，放回右脚。重复 3 组。

图 4

* 吸气、呼气，没有动作。想着：“拉链”和“力量带”，肚脐拉向脊柱，重叠“三角形”。再次吸气，呼气的同时抬起双脚，保持脊柱中立位和腹肌收缩。吸气，放下双脚。重复 3 次。

选择

* 要增加难度，可把双脚放到地面上做这个动作。

身体扫描

* 保持手臂在身体两侧延展，肩部下沉远离耳朵。放松颈部和下巴。

* 确保呼气时不要鼓起你的腹部。

转换

* 继续仰卧，双脚分开与髋同宽放在墙上，准备做骨盆卷动，把颈部枕头拿开。

骨盆卷动

这是一个非常好的动作，教授练习普拉提时的两个关键概念——脊柱逐节运动和腰椎下沉。当脊柱剥离开垫子时，专注独立运动每一节椎骨。当你下卷放下时，逐节运动每一节椎骨。

呼吸

吸气稳定，呼气运动。

能量

想象脊柱像一串珍珠放在垫子上。一次剥掉一颗珍珠。从尾骨开始，直到臀部抬起来成为一座桥。

力线

每只脚的三点紧紧压在墙上或者垫上。

图 1

＊起始位置吸气，仰卧，脊柱中立位，双脚分开与髋同宽放在墙上，手臂在身体两侧延展。鼻子吸气时想象拉长整个脊柱（确保拿开你的颈枕）。

动作

图 2

* 呼气时做骨盆后卷。这次，需要调动臀部，来卷起到完整的骨盆卷起姿势。

图 3

* 逐节运动每一节椎骨使脊柱剥离开垫子。

图 4

* 到达骨盆卷起顶点时吸气，然后呼吸下卷，逐节落下每一节椎骨到垫子上，回到起始位置。重复 4 次。把膝盖抱向胸部休息一下。

选择

* 增加难度，可把脚放在地面上做骨盆卷起。

身体扫描

* 避免身体前侧的“三角形”分开。

* 避免过度拱起腰部。如果你感觉下腰部有任何压力，说明你卷起得太高，微笑肌肉很可能没有调动起来。

转换

* 如果你的双脚放在墙上，向后移动到垫子的中间，准备做交叉腿下落，把枕头放回到头颈的下方。

交叉腿下落

交叉腿下落是一个非常好的练习腹斜肌的动作。这个动作不仅不会让颈部和肩部变得紧张，还会帮助腰部塑形，并且在斜向强调脊柱像印章一样压到垫子上。

呼吸

吸气不动，呼气移动。

能量

想象垫子中间有一条高速路。从这条高速路上开始，身体落向一侧，脊柱像印章一样压到垫子中央。

力线

仰卧中立位，双膝弯曲，枕头放在你的头部或颈部下方。并拢双膝和双脚，手臂在身体两侧延展。

图 1

* 在起始位置，深吸气和呼气来稳定你身体的核心。

图 2

* 抬起右腿，右腿跨在左腿上。再次吸气，保持住交叉腿的姿势。

图 3

* 呼气，让双腿扭向右侧。保持双肩在垫子上，头部中立位。吸气，保持这个姿势。呼气，慢慢把你左侧的肋骨放回垫子上。当你呼气回到起始位置时，脊柱上部像印章一样压到垫子上，肚脐拉向脊柱，然后是“力量带”和“拉链”。

动作

图 4

* 起始位置吸气，右腿跨在左腿上。呼气，再次扭向右侧。重复 3 次。

图 5

* 右腿放回到垫子上。

图 6

* 深吸气和呼气稳住核心，抬起左腿跨到右腿上。再次吸气，保持交叉腿的姿势。

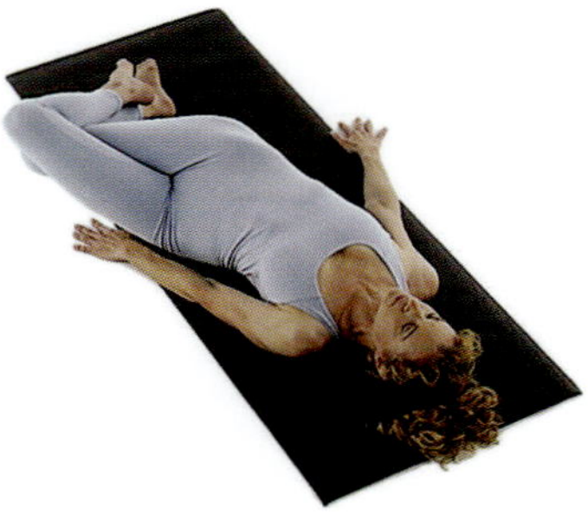

图 7

* 呼气，让双腿扭向左侧。保持双肩在垫子上，头部中立位。吸气，保持这个姿势。

图 8

* 开始呼气，慢慢把右侧的肋骨放回垫子上。当你呼气回到起始位置时，脊柱上部像印章一样压到垫子上，肚脐拉向脊柱，然后是“力量带”和“拉链”。起始位置吸气，左腿跨在右腿上。呼气，再次扭向左侧，重复 3 次。

选择

* 双手握小手球或网球。当呼气回到中立位时，身体移动一侧的手抓紧球，来稳定肩部下沉，并调动腹斜肌。

身体扫描

* 整个动作都要保持你身体上部和头部中立位。
* 不要使用髋部或臀部肌肉回到起始位置。让它们保持放松，使用腹肌把脊柱像印章一样压到垫子上。

转换

* 左腿放回到垫上。弯曲双膝，双脚与髋同宽，准备做木偶手臂。

木偶手臂

木偶手臂更是一个较放松的练习，而不是力量练习。你会学习使用重力下沉肩部远离耳朵，训练肩胛骨平躺在肋骨后侧。上身放置正确了，你才可以开始力量训练。

呼吸

吸气，一侧手臂延伸带动同侧肩部远离垫子；呼气，肩部落回垫子。

能量

想象手指被提线吊到天花板上。提线会交替拉和放。

力线

确保手臂与躯干成90°角，整个动作要保持脊柱中立位。

图 1

*仰卧，脊柱中立位，双膝弯曲，分开与髋同宽。将两只手臂举到空中，垂直位于肩部上方。掌心相对。在起始位置呼气，把气体从肺部全部排出。

图 2

*吸气。右肩后侧离开地面，指尖朝向天花板伸展。

动作

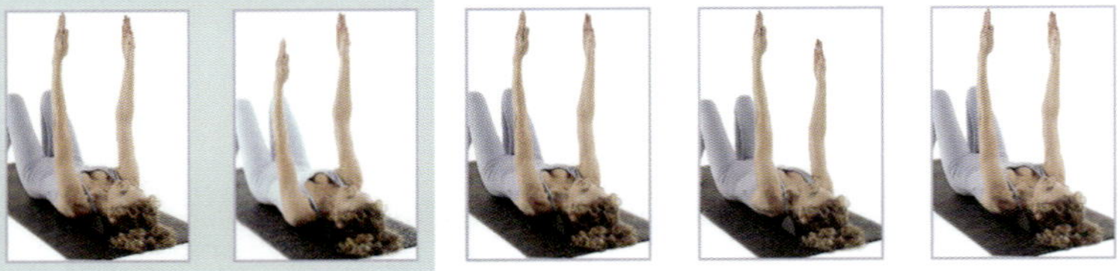

图 3

* 呼气。右肩落回垫子。

图 4

* 吸气。左肩后侧离开地面，指尖朝向天花板伸展。

图 5

* 呼气，左肩落回垫子。重复 3 次单独举起一只手臂；然后重复 3 次同时举起两只手臂。

选择

* 可以手握 0.5~1 千克的重量。

身体扫描

* 把肩膀朝向天花板提起，不要朝向耳朵提起。保持颈部放松。

转换

* 转动手臂，掌心面对双脚，准备做手臂画圈。

手臂画圈

手臂画圈有助于打开紧张的肩部和上背部肌肉，同时保持躯干的稳定。开始时限制圆圈的大小，让重力帮助手臂自由地离开肩膀。

呼吸

吸气，手臂画圈远离身体。呼气，手臂靠近。

能量

整个训练要保持身体前面“三角形”的点重叠。想象指尖在一个大气泡的内部移动。

力线

确保双手跟肩膀成一条直线，掌心面对双脚。

图 1

* 起始位置与木偶手臂一样，但是开始时掌心面对双脚。起始位置吸气，然后呼气稳定核心。

动作

图 2

* 吸气，手臂向后伸过头顶。保持身体前侧的肋骨下压——保持三角形重叠。

图 3

* 开始呼气，向身体两侧打开手臂。

图 4

* 结束呼气时完成手臂画圈，双手靠近臀部，掌心朝下。每个方向做 3 次画圈。

选择

* 可以手握 0.5~1 千克的重量。

身体扫描

* 做手臂画圈时肩膀要远离耳朵。手臂在过头的位置时，避免身体前侧的“三角形”分开。

转换

* 转身俯卧，准备做 V 拉 和手肘俯卧撑。

V 拉 和手肘俯卧撑

V 拉对于盆底肌、腹肌、臀肌和股内侧肌是一个非常好的练习。这里你会对抗重力使用腹肌——比仰卧姿势更有挑战。手肘俯卧撑适合做俯卧撑或四足支撑时有翼状肩或者肩胛骨突出的人。对于胸椎曲线过平的人也有好处。它能锻炼使肩胛骨稳定在肋骨上的肌肉。在高级练习之前，如俯卧撑或飞翔动作，先做这些动作。

呼吸

在起始位置时吸气；呼气时在你的腰线下形成一个隧道（图 2）。起始位置吸气，呼气撑起（图 4）。

能量

感觉在呼气的时候你可以开一辆玩具车通过你的隧道（图 2），手臂形成一个三角形。当你撑起的时候手肘压向垫子（图 4）。

力线

骨盆后卷时，下腰的自然曲线变平（图 2），放好你的手肘；当你向上撑起时，手肘与肩膀成一条直线（图 4）。

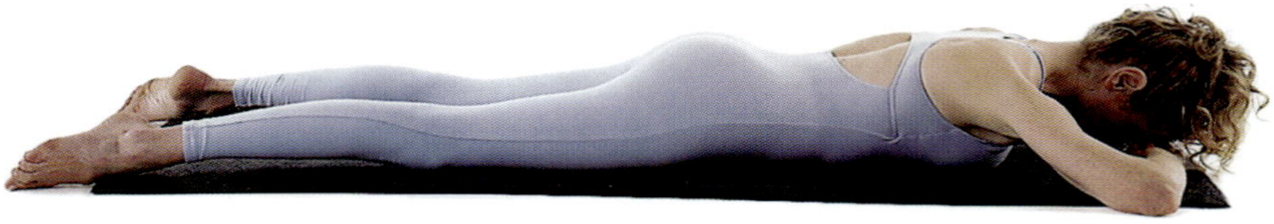

图 1

*脸朝下趴在垫子上，双手重叠放在额下，双腿微微分开。吸气。

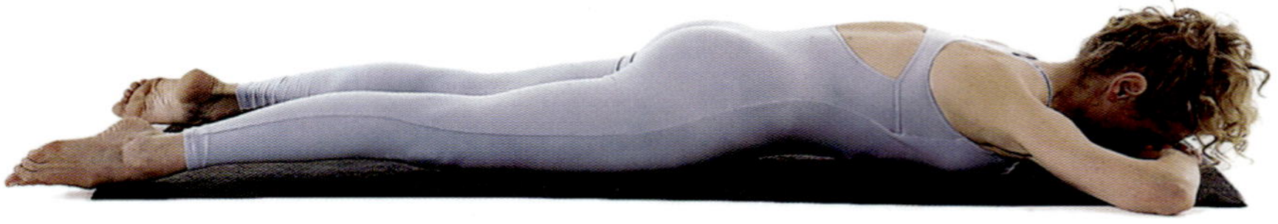

图 2

*呼气，骨盆后卷，提起腹部，并且调动你的能量房，在腰线下形成一个隧道。保持 4 秒。吸气放松。重复 3~5 次。

动作

图 3

* 吸气，把头顶落在垫子上。

图 4

* 呼气撑起，把下巴拉向胸部，把肩胛骨拉伸开。保持 4 秒。吸气放松。重复 3~5 次。

选择

* 如果你的腰部紧张，可以在髋下放一个枕头做 V 拉（见第 73 页图示）。
* 如果觉得在垫子上做手肘俯卧撑难度太大，可以趴在墙上做。

身体扫描

* 形成隧道时不要抬起臀部。要把耻骨紧压在垫子上。

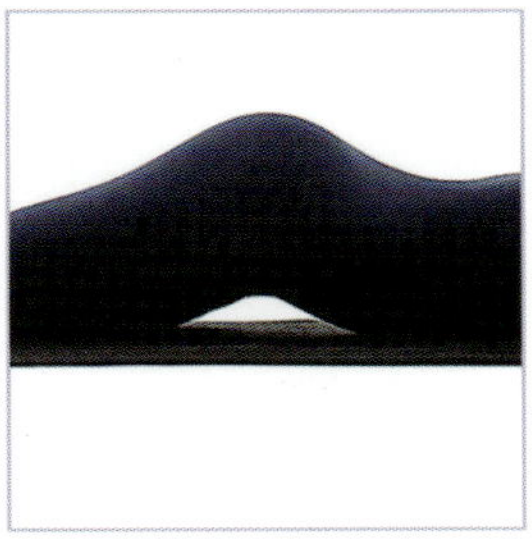

转换

* 保持俯卧，准备做脊柱伸展，或者跳到 74 页，做飞机式。

脊柱伸展

这个动作系列有助于增强背部肌力和保持肩膀下沉。它有四个阶段，做动作时头部可以放在枕头上，上身也可以稍微离开垫子。花时间学习每个阶段，因为每个动作都建立在之前的动作基础上。最初的阶段是非常有益的；当你掌握了基础时再进行到下一个动作。

呼吸

吸气准备，稳定肩膀下沉，呼气开始移动。

能量

想象两个方向的能量：①一条提线吊着你的头顶；②肩膀下沉到后侧的口袋。

力线

俯卧时，枕头放在额下不仅可以帮助保持颈椎中立位，而且可以避免压迫鼻子。

图 1

* 额头放在垫子上，手臂在身体两侧延展，掌心朝上。起始位置吸气。

图 2

* 呼气，朝向脚踝延长指尖，带动肩膀下沉到后侧口袋，抬起手臂稍微离开垫子。吸气回到起始位置。重复。

动作

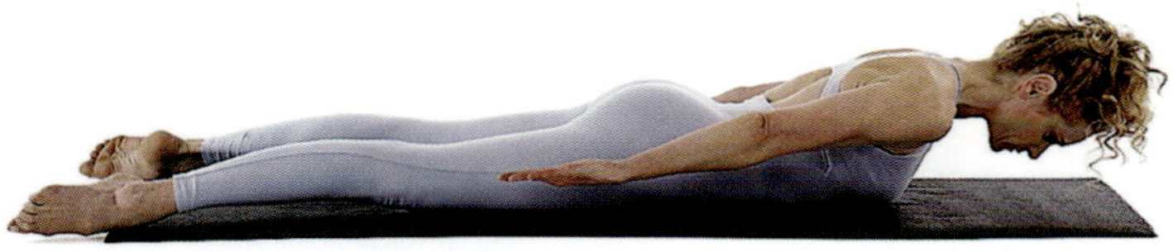

图 3

* 起始位置吸气（图 1），呼气，调动你的能量房，延长整个上身稍微抬离垫子。保持颈后部延长。吸气放松，回到起始位置。重复。

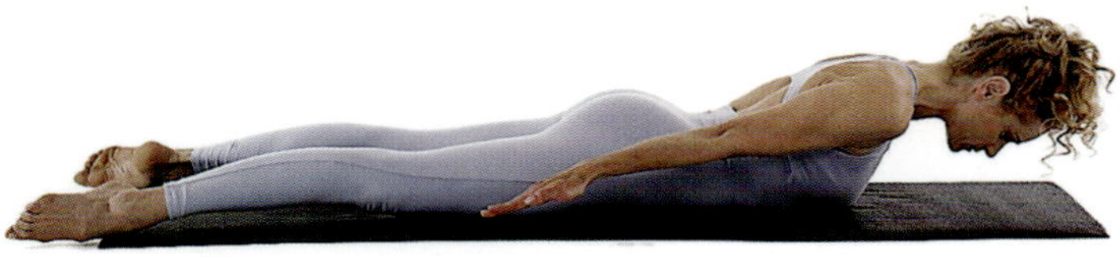

图 4

* 起始位置吸气。呼气，调动你的能量房，延长整个上身稍微抬离垫子（图 3）。吸气保持这个姿势，但是旋转手臂掌心朝下。

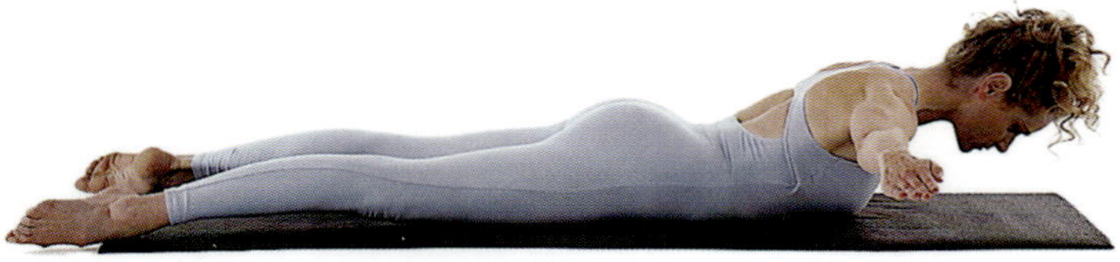

图 5

* 呼气，慢慢移动手臂到身体两侧肩膀的高度，掌心朝下。延长脊柱回到垫子上。吸气回到起始位置，掌心朝上。重复步骤 4 和步骤 5。

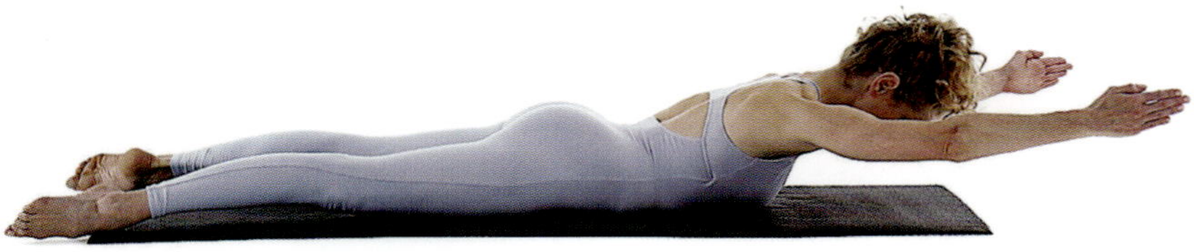

图 6

* 起始位置吸气。呼气，调动你的能量房，延长整个上身稍微抬离垫子（图 3）。吸气保持这个姿势，但是旋转手臂掌心朝下（图 4）。呼气，慢慢移动手臂到身体两侧（图 5）。吸气保持这个姿势，但是旋转手臂掌心朝前。呼气移动手臂到 "V" 的姿势，包裹你的头部。保持肩膀下沉！延长脊柱回到垫子上。吸气回到起始位置，掌心朝上。重复。

选择

* 如果你的颈部很容易紧张，把额头放在枕头上，只做手臂动作。
* 如果你的腰部紧张，把枕头放在髋下。

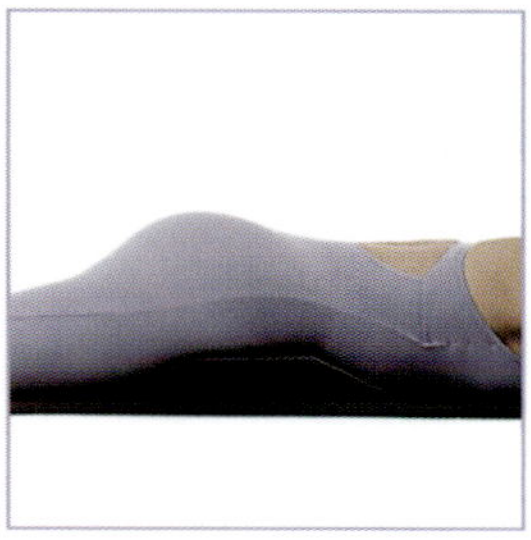

身体扫描

* 避免过度伸展颈部以及耸肩。

转换

* 保持在起始位置（图 1），转换到休息姿势，跳转到第 76 页。

飞机式（四足游泳）

如果做脊柱伸展俯卧趴下的姿势不舒服，这是个很好的替代动作。飞机动作对加强所有身体后侧的肌肉（脊柱伸肌、臀肌和腘绳肌）都非常好。而且，这个动作也会使用腹肌和肩部稳定肌发力来保持骨盆和髋始终水平。

呼吸

呼气时抬起手臂和腿部。

能量

在伸展的姿势下，想象一条有能量的长线从指尖穿过脚趾尖。

力线

整个动作保持肩部和臀部的中立位。

图 1

* 后背形成桌板式。双膝在双髋正下方，双手在双肩正下方。吸气、呼气，在起始位置做好准备。再一次吸气。

动作

图 2

* 呼气，顺着垫子尽可能向远处延伸对侧手臂和腿，同时保持与地面的接触。使用你的能量房来保持髋部稳定，稳定肩胛骨到后侧的口袋，避免耸肩。吸气保持这个姿势。

图 3

* 呼气抬起手臂和腿部到水平位置。吸气落下；呼气再次抬起到水平位置。落下、抬起 3 次。回到起始位置，换另一侧重复 3 次。

选择

* 如果你发现自己的肩膀耸起，不要把手臂完全抬到水平位置。尽可能抬高的同时稳定肩膀下沉。

身体扫描

* 始终保持“车前灯”和肩膀水平。
* 移动腿抬得过高会导致腰部过度伸展。

* 肩胛骨应该平放在肋骨架上。
* 保持伸展的手臂、腿，以及躯干平行于地面。

转换

* 把臀部坐在足跟上，准备休息姿势。

休息姿势

休息姿势是恢复性的，是练习深呼吸到肋骨侧面和后面的非常好的姿势。此外，休息姿势可以拉伸颈、肩和腰背部。在锻炼时可以随时转换到休息姿势。

呼吸

停留在休息姿势做几组深呼吸。

能量

吸气时，像手风琴一样，水平鼓起肋骨。呼气时，调动你的“拉链”和“力量带”，肚脐拉向脊柱来激活你的下腹部。

力线

膝与髋同宽，手与肩同宽。

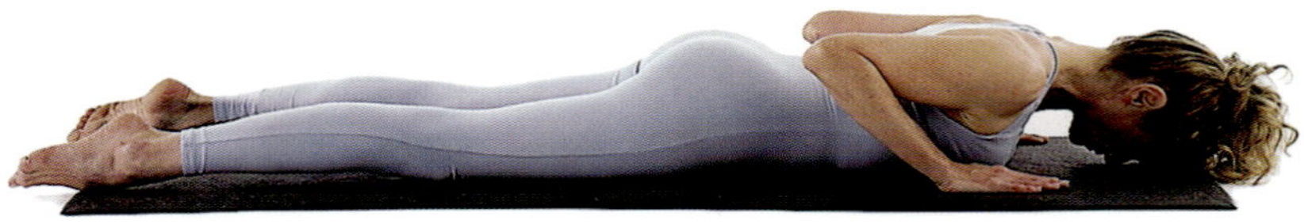

图 1

* 俯卧位，手放在肩关节下，掌心朝下，手肘收起。

图 2

* 伸直手臂，抬起上半身。

动作

图 3

* 呼气弓背、头下垂，腹肌收缩，臀部向后坐到脚跟上。

图 4

* 休息姿势，额头在垫子上放松，臀部坐在脚跟上。拉伸手臂伸长过头顶，掌心朝下。继续深呼吸。呼气时收起腹部，想着“拉链”和“力量带”，肚脐拉向脊柱。向两侧滚动额头，就像摇头说“不”。放松任何紧张的颈部和肩部肌肉。让你的臀部变得更重，伴随每次呼气朝脚跟坐下得更深。

选择

* 在身体两侧拉伸手臂，掌心朝上。如果需要，可以把枕头放在额下、腹部、臀部或足部，用来支撑。

* 可以握拳放在额下。

身体扫描

* 让肺部完全充气、放气。

* 吸气时放松颈部和肩部。

转换

* 转身到仰卧，在头部和颈部放一个枕头，准备做足部勾绷和脚踝画圈。

足部勾绷和脚踝画圈

足部和脚踝是直立姿势的根基，但是在训练的时候经常会被忽略。这些训练可加强足部和脚踝的肌肉力量，并可帮助保持合理的膝关节、脚踝和足部的力线。

图 1

* 仰卧，双腿抬起与髋同宽，双膝弯曲。抱住大腿后侧给以支撑。吸气，然后呼气在起始位置放松双脚。

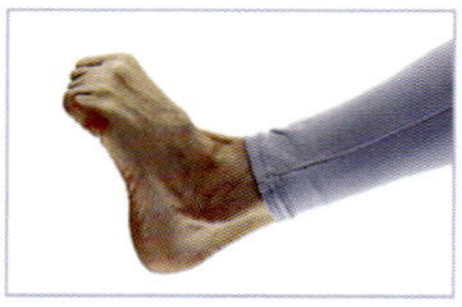

图 2

* 吸气，脚趾勾成“拳头”状。

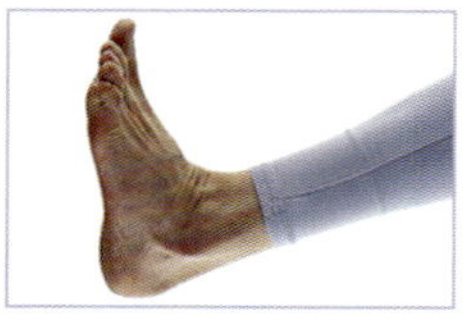

图 3

* 伸直脚趾，勾起你的前足，脚跟向远处延伸。

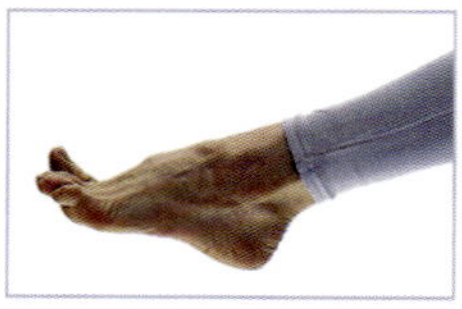

图 4

* 呼气，绷脚，延伸脚跟和脚趾球。

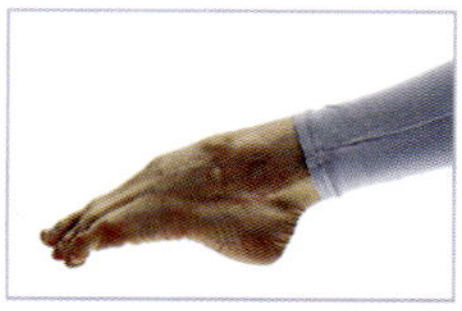

图 5

* 结束绷脚时完成呼吸，不要抓紧脚趾。使用你的脚趾、脚趾球和脚跟勾脚。吸气再次勾脚成“拳头”状。重复 4 次。

呼吸

吸气勾脚，呼气绷脚。吸气开始画圈，呼气返回。

能量

像手一样运动足部。把能量分布于 5 个脚趾。保持能量传递到脚趾，来画尽可能大的圈。

力线

在起始位置，从髋关节中间，到膝关节，到足部的中间，一直到第二和第三脚趾之间形成一条直线。

动作

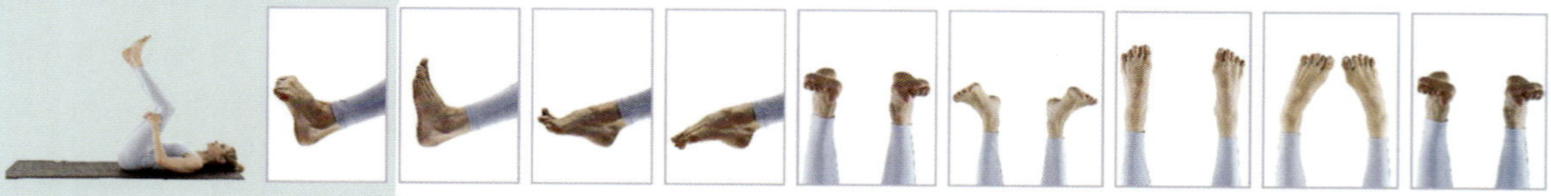

图 6

* 当你完成最后一个勾、绷脚后，放松到起始位置。髋、膝、踝和脚成一个好的力线。接下来再次勾脚，脚趾向后拉，脚跟延伸。

图 7

* 吸气，开始让脚向外画圈。

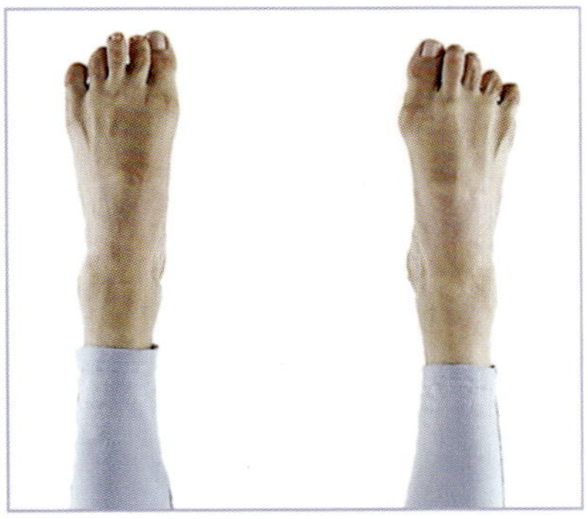

图 8

* 到达绷脚的位置，不要勾脚趾。

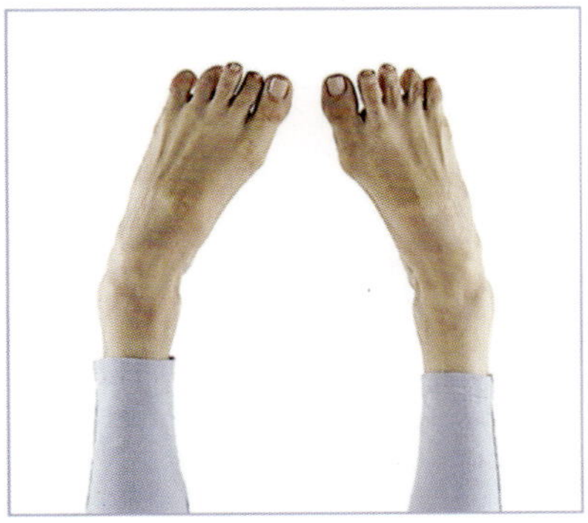

图 9

* 呼气，脚向内画圈，勾脚回到双脚平行勾起的位置（图 6）。
* 当你完成每个画圈时，在好的力线下停留，训练自己自动、正确地使用脚。
* 一个方向画 4 个圈；然后反方向再画 4 个圈。

身体扫描

* 单独运动你的双脚和脚踝，保持髋、膝不动。
* 确保每个方向都完成了画圈。

转换

* 当你完成最后一次画圈时，把一只脚放到垫上，准备做腘绳肌拉伸。

腘绳肌拉伸

腘绳肌柔韧才能做好很多经典的普拉提动作。这个拉伸系列可教会你单独使用这个重要的肌肉，并可教你打开大腿后侧。拉伸可帮助你避免损伤，并可帮你做好迎接更有难度动作的准备。

呼吸

吸气放松拉伸，呼气加深拉伸。

能量

想象两个方向的能量：①把肚脐拉向脊柱；②尽可能向远处延伸腿部。

力线

整个动作保持好的水平的肩部和髋部的力线，并且记住保持脊柱中立位。骨盆向后卷起会产生腘绳肌柔韧的错觉。

图 1

* 仰卧，脊柱中立位，一只脚放在垫上，膝盖弯曲。把弹力带缠绕在另一只脚底，腿在空中伸展，微微弯曲。在起始位置吸气。

图 2

* 呼气，激活能量房来伸直膝盖。重复 3 次，最后一次保持腿伸直。再一次吸气。

动作

图 3

* 呼气，轻柔地把腿拉向胸部。吸气放松拉伸；呼气再次拉伸。重复 3 次，保持腿部与髋部的力线。

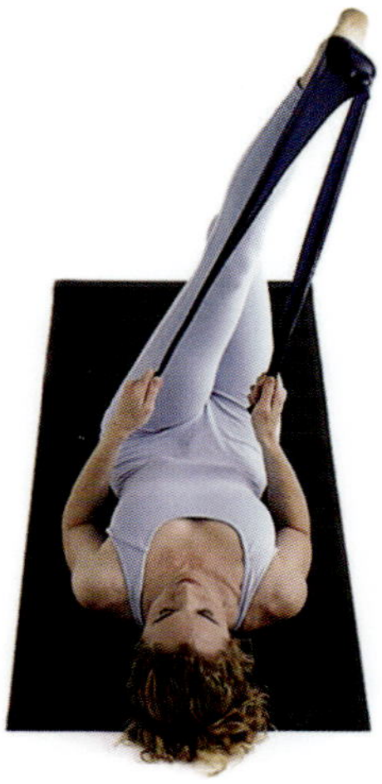

图 4

* 放松牵拉，把腿带过身体中线，朝向对侧的肩膀。这个拉伸更有难度，所以不要过度牵拉。吸气放松；呼气斜向拉伸。重复 3 次。

图 5

* 放松，现在朝向另一个肩部微微打开腿部，保持对侧的骨盆水平。吸气放松；呼气拉伸。重复 3 次，然后换腿。确保从起始位置开始做另一只腿（图 1）。

选择

* 当你变得更灵活时，支撑腿在垫上伸直，再次尝试这些动作。

身体扫描

* 不要卷起骨盆或把腰部抬离垫子。
* 保持支撑腿与同侧髋部在一条线上。

转换

* 弯曲双腿靠近胸部，把弹力带放在身边。回到脊柱中立位，双脚平放在垫子上，双膝弯曲。准备做头部飘浮和肋骨滑动。

头部飘浮和肋骨滑动

这两个动作是传统卷腹的分解动作。不同于卷腹，它们应该做得慢一些。注意支撑你的下腹部以防止腹部鼓起，并且想象让你躯干前侧的“三角形”重叠，然后上身抬起离开垫子。

呼吸

起始位置吸气，呼气抬起。

能量

头部飘浮时让头部沉在手中，就像握着保龄球一样。肋骨滑动时，想象你最下面的肋骨朝髋骨滑动。

力线

整个动作都要保持颈部和脊柱中立位。

图 1

* 双手交叉放在头颅基底，手肘向外。眼睛直视天花板，保持颈部放松。起始位置吸气。

图 2

* 呼气，激活你的“拉链”和“力量带”，肚脐拉向脊柱“三角形”，把上半身稍微抬离地面。保持头部沉在手中。眼睛直视天花板，保持脊柱中立位。吸气回到起始位置。重复 5~10 次。最后一个动作后，保持住头部飘浮，紧接着做肋骨滑动。

动作

图 3

* 开始肋骨滑动，保持最后一次头部飘浮在空中。吸气。

图 4

* 呼气，激活“拉链”和“力量带”，肚脐拉向脊柱，把上半身抬得更高，让你的“三角形”更多地重叠在一起。眼睛看向膝盖。吸气放松，回到头部飘浮。重复 5~10 次。然后放松上半身，回到垫上（图 1）。

选择

* 如果你感觉头部紧张，可以把毛巾放在上背部和头下提供支撑。在毛巾上放松头后部，就像头部挂在吊床上一样。

身体扫描

* 避免使用头部、颈部和肩部开始这个动作。

* 保持颈后部延长，避免过度仰头。

转换

* 依次将两条腿抬到空中，准备做迷你呼吸。使用你的能量房，不要鼓起小腹。

迷你呼吸

百次呼吸是我们经典普拉提训练的第一个动作，迷你呼吸是一个超级简化版的百次呼吸。在这里，我们把有控制的呼吸与坐立呼吸的长呼吸结合到这个普拉提著名的腹部强化动作中来。

呼吸

起始位置吸气。呼气，流畅地抬起上半身到肋骨滑动的姿势。

能量

想象两个方向的能量：
①头部向远处的能量；
②尾骨向远处的能量。

力线

整个动作保持脊柱中立位。

图 1

* 在空中交叉脚踝，双膝微屈，稍微打开，大约与髋同宽。调整大腿的角度来保持脊柱中立和腹部收紧。吸气。保持髋骨水平。如果你发现一侧臀部抬起来了，试着让另一侧脚踝交叉在上面。如果你的腰部很容易紧张，可把双脚放在垫子上，双膝弯曲。

动作

图 2

* 呼气，激活你的“拉链”“力量带”和“三角形”，肚脐拉向脊柱，把上半身完全卷起。当你把腹部沉得更深时排出所有的气体。使用冲击性呼吸，鼻子吸气两次，嘴呼气两次（“嗅嗅，呼呼”）做 10 组，每个呼吸都最大限度地让空气从身体中通过。总共 10 组呼吸，吸气 5 组，呼气 5 组。

选择

* 如果你感觉颈部紧张，可以把毛巾放在上背部和头下提供支撑，就像头部飘浮和肋骨滑动的动作（见第 83 页）。

身体扫描

* 避免拱起腰部和鼓起小腹。当你的双腿离躯干太远时可能会发生这种情况。

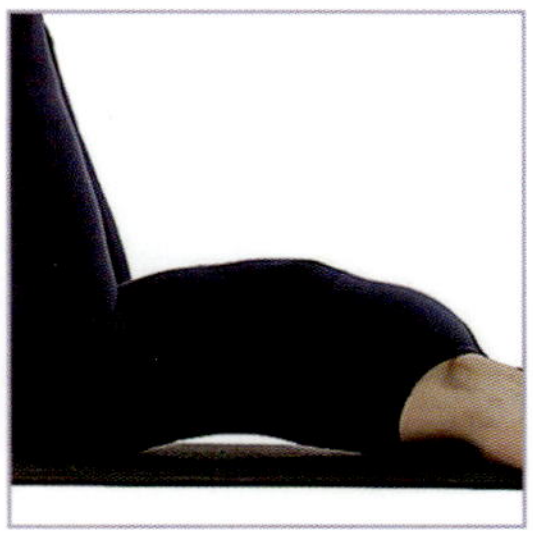

* 避免过度收紧下巴到胸部。保持颈部延长。

* 避免膝盖靠身体太近，这样会导致骨盆后卷。

【第四章】

超越基础：经典垫上动作

既然你已经通过练习普拉提 B.E.A.M. 基础动作奠定了坚实的基础，现在是时候向你介绍基于约瑟夫·普拉提原始垫上动作的练习了。不过，请记住，因为这是一本初学者（包括刚开始锻炼的人及不熟悉普拉提的人）的书，这里介绍的经典垫上动作（从起始动作到更难的形式）都被改良过了。

我在本章中介绍每一个新的经典动作时，都会提醒你哪个具体的 B.E.A.M. 基础动作为你即将学习的经典动作做好了准备。和 B.E.A.M. 基础动作一样，我建议你尽量跟随书中演示的动作顺序，在你掌握上一个练习之前，不要进行到下一个练习。这样做的原因是，我设计的锻炼是按照特定的顺序拉伸和加强身体的每一个部分，以纠正肌肉失衡和改善姿势。

这个章节以站立姿势手臂上举的动作结束，所以结束训练后就同第二章开始一样做体态检查（我希望你的站立体态已经得到了改善）。你将以平衡测试来完成经典垫上动作，结束时你会感觉神清气爽、体能充沛。

百次拍击

如果半个世纪以前你去约瑟夫·普拉提那里上一节课，这个会是他给你的第一个训练。百次拍击可以练习到很多地方：调动腹肌，拉伸腿部肌肉，手臂有节奏地拍击，肺部伴随每次动作都有充分的吸气和呼气。100 次会让你精神振奋，因为它能促进血液在身体里流动。如果你觉得热不要惊讶！

呼吸

鼻吸 5 次，嘴呼 5 次。

能量

每一次呼气都把肚脐更拉向脊柱一点。

力线

调整腿部在空中的角度来始终保持腹部收紧（如果需要可以屈膝）。

图 1

* 仰卧，双手抱在大腿后侧，膝盖弯曲平行于地面，并拢收紧。在起始位置吸气。

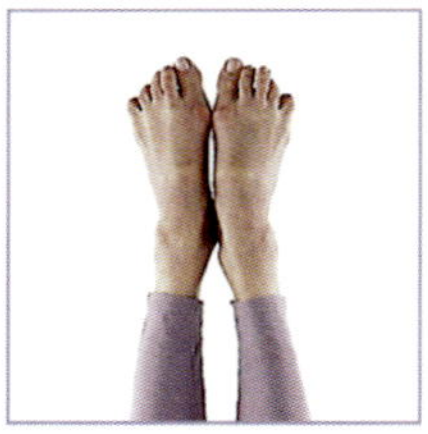

平行姿势

图 2

* 完全呼气把腿伸直，同时卷起上半身到 B.E.A.M. 基础动作的“肋骨滑动”姿势（见第 82 页）。鼻子吸气 5 次，嘴巴呼气 5 次。做 10 组。如果你感觉颈部或肩部紧张，或者腹部鼓起，保持膝盖弯曲。

动作

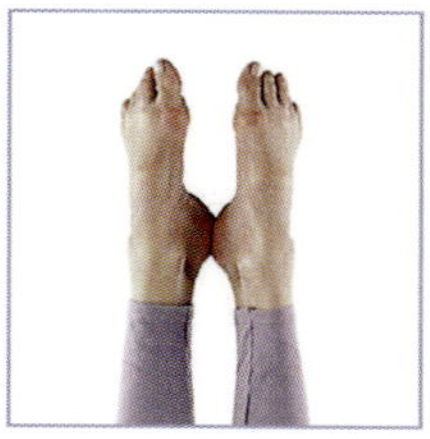

普拉提站姿

图 3

* 如果你可以进行更加有挑战的姿势，旋转大腿到普拉提站姿，在身体两侧伸展手臂，掌心朝下。随着呼吸，手臂有节奏地拍击，手臂距地面 10~15 厘米。手臂拍击应该是稳定的，就像节拍器，强调向下朝向垫子的移动。使用手臂下面的肌肉和肩部后面的肌肉拍击手臂。

* 不要把下巴过紧地压在胸前，以免呼吸受到限制（左图）。你应该在保持这个姿势的同时还可以唱歌。也不要把下巴抬起来以免头向后下落，这会伤到颈部（右图）。

图 4

* 最后一组后，吸气，放下上半身；然后呼气，膝盖靠向胸部。回到起始位置。

选择

* 你可以用手支撑头部，就像 B.E.A.M. 基础动作中的“迷你呼吸”一样（见第 84 页）。

* 可通过向垫子的方向降低腿部，上身仍保持“肋骨滑动”的姿势，不要鼓起小腹，增加难度。

身体扫描

* 下沉肩膀使其远离耳朵，避免耸肩。

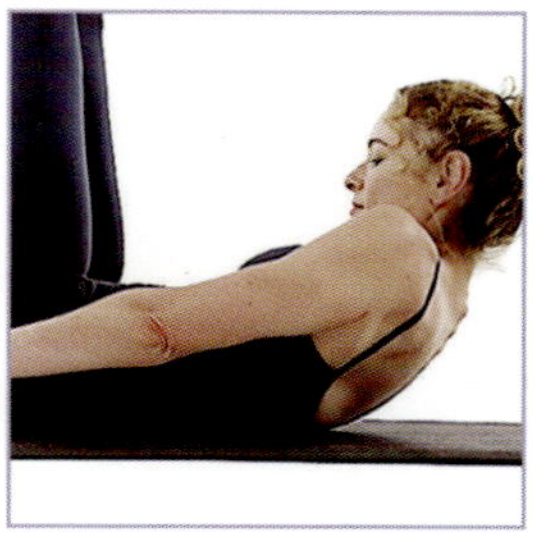

* 不要锁住手肘，这样会让你过度使用上肩和胸肌。

转换

* 抱住膝盖，上身卷起离开垫子到坐立位。拿起弹力带准备做向下卷动。

向下卷动

在传统普拉提垫上动作中，应该先进行向上卷起。但是因为对抗重力向上卷起离开垫子是非常有难度的，这里我们从向下卷动到垫子开始。如果在完全下降的时候你不能控制你的腹部，调整动作只向下卷动一段，直到你有了更多的控制。

呼吸

在起始位置吸气，呼气向下卷动。平躺时吸气，呼气向上卷起。

能量

想象两个方向的能量，从你的头顶穿过到你的脚跟。整个动作想象肩胛骨下沉到后侧的口袋。

力线

从髋部坐直，肩膀下沉远离耳朵。

图 1

* 把弹力带缠绕在勾起的脚底，手臂伸直握住并拉紧弹力带（这个张力会帮助你向上卷起）。保持手臂伸直但是不要锁住手肘。夹紧双腿，从髋部坐直。在起始位置吸气。

动作

图 2

* 开始呼气，收腹，躯干形成“C”形（注意：这个动作中骨盆的运动应该跟 B.E.A.M. 基础动作中的“骨盆后卷和拱起”一样；见第 56 页）。

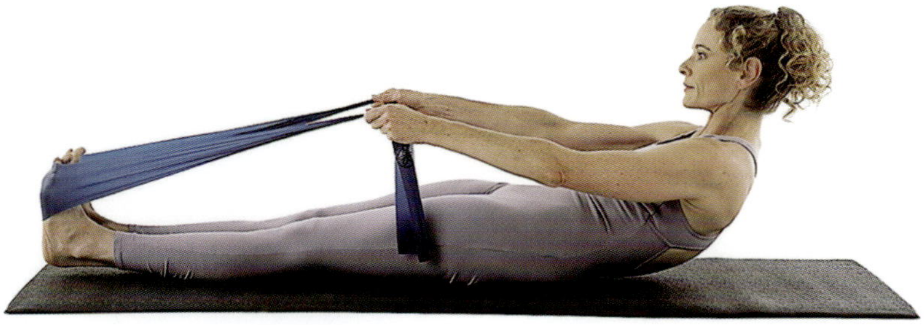

图 3

* 呼气，脊柱逐节落回到垫上。一定要保持头部和颈部跟没落下的脊柱成一条线。避免头部向后下落或下巴过度靠近胸部。

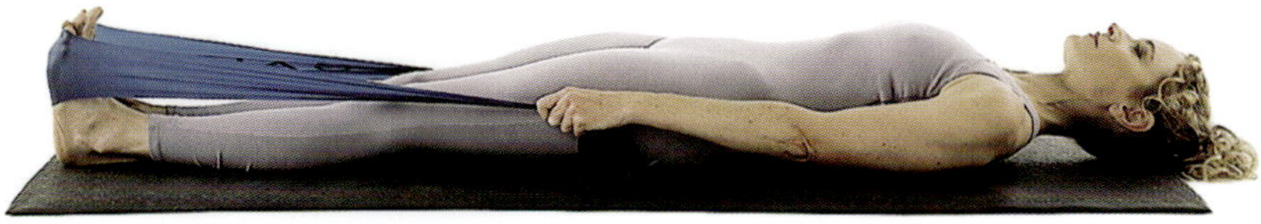

图 4

* 当你放松到脊柱中立位回到垫上时，完成呼气。手臂在身体两侧延长。中立位吸气，然后呼气，骨盆后卷，把上半身卷起离开垫子（图 3）。继续把你的脊柱逐渐剥离垫子，回到“C”形时完成呼气（图 2）。在起始位置吸气坐高，然后呼气开始下一次向下卷动。重复 6 次。

选择

* 如果小腹鼓起，调整起始姿势，弯曲膝盖，双脚分开与髋同宽放在垫子上。抱住大腿后侧。呼气内收腹肌时，让手指沿大腿移动。保持腹部下凹的姿势，尽可能地向下卷动；然后吸气，保持腹部下凹。呼气回到“C”形。吸气坐直坐高。

身体扫描

* 确保腰部先于上背部接触垫子。不要倾斜上背部（肩部）。

转换

* 做最后一个向下卷动，保持仰卧姿势。把弹力带放在身边，准备做反向卷腹。

反向卷腹

反向卷腹在大多数普拉提垫上课程中依旧保留为标准训练。因为练习它可掌握脊柱逐节剥离垫子然后逐节放下的基本原则。你已经在 B.E.A.M. 基础动作“骨盆卷动”（见第 62 页）中了解过这个原则，这里演示的反向卷腹使用了一样的精准呼吸模式。如果你腰肌紧张，或者在卷动的时候感到上背部或颈部不适，可以重复做骨盆卷动来替代反向卷腹 。

呼吸

逐节运动脊柱时呼气。

能量

手臂在身体两侧延长，形成一个坚固的三角形。头部后侧和肩部紧压在垫上。

力线

在双腿打开的姿势，双脚应该分开比髋稍微宽一点。

图 1

* 双腿并拢收紧，保持平行，在双髋正上方。保持膝盖微屈，绷脚。在起始位置吸气。

动作

图 2

* 呼气，卷起骨盆，从尾骨开始，脊柱一节一节地剥离垫子。做反向卷腹时，一定要从使用下腹部卷动骨盆开始这个动作。腿部倾斜在头部上方。

图 3

* 吸气，在空中保持反向卷腹，分开双腿比髋稍宽。

图 4

* 呼气，脊柱逐节落回垫子上。当腿部与双髋垂直的时候，吸气，并拢双腿，回到起始位置。做 4 次反向卷腹，然后转换腿的模式再做 4 次，这次脊柱离开垫子时双腿打开，落下时双腿并拢。

选择

* 为了增加难度，可以完全伸直双腿，卷起更高到上背部，使双腿平行于地面。

身体扫描

* 当你把脊柱逐节落回到垫子上时，避免双腿塌陷到胸部。

* 不要摆动你的双腿过头来启动反向卷腹。

转换

* 最后一个反向卷腹之后，抱膝靠近胸部做一个好的拉伸。

单腿画圈

B.E.A.M. 基础动作中的膝部画圈（见第 54 页），让你为单腿画圈做好了准备。两个动作使用一样的呼吸模式。调动能量房来稳定骨盆，并且保持圆圈是小的、精准的，以及有节奏的。

呼吸

当腿开始画圈时，长时间持续地吸气；回到起始位置时，用短促和冲击式呼气。

能量

想象两个方向的能量从你的头顶和支撑腿的脚跟穿过。

力线

垫上的腿和髋成一条直线。始终保持着想象的“力量带”紧紧地从一侧髋绕过腹部到另一侧髋。

图 1

* 在头下或颈下放一个枕头，用一个弹力带缠绕在右足底。把右腿抬起到空中，垂直在髋关节上方。手肘紧压在垫子上来稳定躯干。这样很容易卷起骨盆，但是一定要保持脊柱中立位。如果紧张的髋部和腘绳肌限制了你的活动度，可以调整姿势。在起始位置呼气。

动作

图 2

* 吸气，右腿越过身体朝向左肩移动。

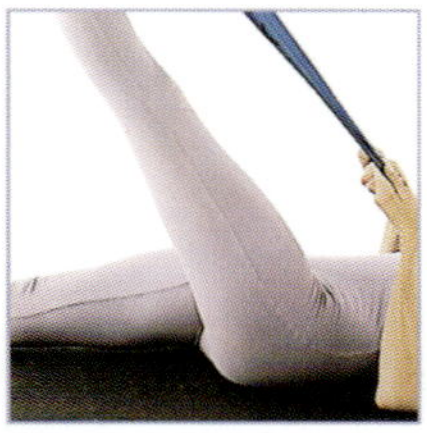

图 3

* 腿向下移动远离身体时完成吸气。腿部跨过身体中线时开始呼气。

图 4

* 继续呼气，腿打开到右侧。保持左髋紧紧固定在垫子上。回到起始位置时完成呼气。做 6 次画圈；然后换方向再做 6 次，打开腿部到右侧，向下画圈，跨过身体回到起始位置。开始时保持小幅度的画圈，集中关注固定骨盆在中立位。换腿，每个方向做 6 次。

选择

* 为了帮你保持脊柱中立位，如果需要可以弯曲两个膝盖，手臂在身体两侧伸直延长。

身体扫描

* 避免左右晃动躯干，调动腹部和支撑腿的微笑肌肉来增加稳定性。

转换

* 放松弹力带，把双膝带到胸前，抱住大腿后侧。上身卷起到坐立位置，坐在垫子前侧边缘，准备做球式滚动。

滚动如球

约瑟夫·普拉提认为滚动对身体非常有益。有几个原因：第一，它促进对称、平衡灵活的脊柱。第二，通过这样对脊柱主动的“按摩”，可以促进脑脊液（滋养神经组织，缓冲脑和脊髓的压力，对脑和脊髓具有保护和支持作用）的循环。第三，普拉提认为他的深呼吸与脊柱滚动相结合，可以净化肺部的杂质并可刺激蠕动缓慢的消化道。

呼吸

在起始位置快速吸气；向后滚动和回程时呼气两次。滚动时一定要完全呼气，在起始位置短暂平衡时，动态吸气。

能量

尝试使用合适的能量去滚动，回到起始位置短暂停留，快速吸气，准备下一次滚动。

力线

想象垫子中间有一条高速公路，脊柱像轮子一样在这条高速公路上滚动。路上没有颠簸或转弯的地方。

图 1

* 用坐骨的后面坐在垫子前侧，身体成“C”形。抓住大腿后侧，脚尖稍微离开垫子。用鼻子做冲击式的吸气。

动作

图 2

* 保持下巴回收靠近胸部，向后滚动时开始呼气。滚动时保持脚跟到臀部的距离不变，身体保持一个紧抱的球形。

图 3

* 继续呼气向后滚到肩部。最远可滚动到肩部后侧，避免滚到颈部。然后反向滚动，回到起始位置时把肺部气体完全清空。短暂停留在起始位置，做冲击式吸气，准备重复滚动。最多做 10 次。

选择

* 若要增加难度，可握住脚踝，形成一个更紧的球形。

身体扫描

* 避免前后晃动脚跟来获得惯性。

转换

* 完成最后一次滚动时，双脚放下休息。把手放到身体后侧的垫子中间。臀部向后移动到两手之间。
* 呼气时抓住大腿后侧，腹部收紧。慢慢向后滚到仰卧位，准备做单腿伸展。

单腿伸展

B.E.A.M. 基础动作中的活塞动作（见第 60 页），是为这个经典垫上动作做准备的。你可以使用不同的呼吸模式及不同的速度做单腿伸展。这个动作可测试你的协调性，以及髋、膝和腰的灵活性。当然，任何普拉提动作都有训练到腹部。

呼吸

吸气时双膝交换；呼气时抱住屈曲的膝盖靠近胸部。

能量

想象做这个动作时有一个盛满水的茶杯平衡放在你的下腹上。注意，不要洒出一滴水！

力线

关注你的手：弯曲右膝时，把右手放到右侧脚踝处，左手放到右膝处。换腿时记得变化手的位置。

图 1

* 呼气，滚动头部和肩部离开垫子。抱住右膝靠近胸部，右手在右侧脚踝处，左手在右膝处。左腿在空中伸直，在可以维持的角度伸展左腿，不要鼓起小腹。

动作

图 2

* 吸气，收回左腿靠近胸部，双膝平行，保持上半身的卷起。

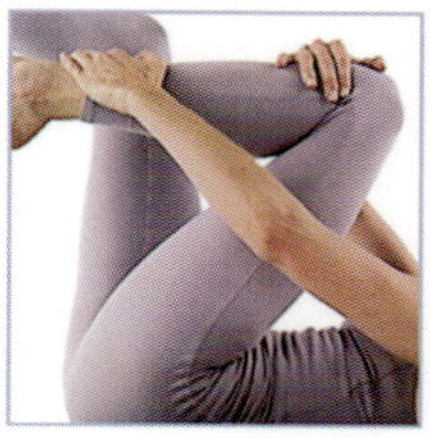

图 3

* 呼气，把左膝抱向胸部，左手放在左侧近脚踝处，右手放在左膝处，在空中伸直右腿。每条腿重复 5 次，交替进行。

选择

* 如果你的颈部很容易紧张，可用双手给头部以支撑。

* 当你准备好时，第二组动作勾脚，用你的微笑肌肉把脚跟推出去。

身体扫描

* 保持双腿动作协调，在身体框架范围内移动。

转换

* 双膝屈曲靠近胸部，头部放下休息。呼气卷起身体到坐位，坐在垫子前侧，准备做脊柱前伸。

脊柱前伸

脊柱前伸是我个人最喜欢的动作。我喜欢它从坐位开始，向前弯曲可测试脊柱的灵活性，然后给你机会把脊柱一节一节垒起来回到坐姿。第一次要慢慢练习这个动作。一旦你感觉可以正确练习这个动作，可加快速度，但要保持正确姿势。这样，你可以通过“肌肉记忆”（专业舞者和运动员的常用技巧）来训练肌肉弹回到理想的姿势。

呼吸

在起始位置和最大向前屈曲的姿势时吸气。向下或者向上卷动脊柱时呼气。

能量

做这个动作时想象你正在靠墙坐立。你的脊柱就是墙纸，它逐节从墙上剥离，然后再粘回墙上。墙纸不应该有褶皱出现。

力线

从髋部坐直，肩部位于髋部正上方。

图 1

* 分开双腿成小“V”形，根据需要屈腿或者伸直。勾脚，脚跟延伸，把你想象的提线拉长来从髋部坐直。肩胛骨下沉到后侧的“口袋”，拉长颈部，眼睛直视前方。在起始位置吸气。

动作

图 2

* 开始呼气，落下下巴靠近你的胸部。

图 3

*继续呼气，让沉重的脑袋带动你慢慢下卷，脊柱逐节运动。下落时，双手沿着腿的上面向前滑动。

图 4

* 在达到完整的拉伸时结束呼气。保持腹部收紧，并确保臀部紧贴在垫子上。吸气，保持腹部收紧。呼气，把脊柱逐节伸直，回到起始位置。重复 6~8 次。

选择

* 如果腘绳肌和腰背部紧张，可坐在枕头上，同时屈膝。

* 可以后背靠墙做这个动作。

身体扫描

* 从头部落下开始脊柱前伸这个动作。

* 避免从髋部倾斜身体；这样会给腘绳肌很强的拉伸，但是并没有拉伸脊柱。

转换

*做完最后一个拉伸，双腿并拢放在垫子的前侧，准备做脊柱扭转。

脊柱扭转

扭转脊柱是我们每天都要做的动作，但通常这个动作发生时我们不会想着要保持一个合适的姿势。脊柱损伤通常发生于扭转身体时，所以学会如何正确练习这个动作非常重要。不论何时，请记住，扭转脊柱前先垂直延长脊柱，这样可减少对椎间盘和脊髓的向下的压力。扭转时，保持动作流畅和有控制，并以相等的力坐直坐高。

呼吸

吸气扭转，呼气回到中间。

能量

想象三条能量线穿过你的身体：第一条线通过头顶到达天花板，第二条线穿过脚跟，第三条线从一个手肘穿过胸部到另一个手肘。

力线

总是保持肩膀和肋骨在同一平面（扭转躯干时，身体一侧容易塌陷）。

图 1

* 保持双腿伸直，双脚勾起。如果需要的话可以屈膝。从髋部坐直。双臂抬起与肩同高，掌心向前。在起始位置把所有的气体呼出。

动作

图 2

* 鼻子快速吸气两次，身体转向左侧，左手指尖放于左肩。避免不连贯或突然扭转的动作。能量拉伸从一个肩膀穿过胸部到另一个肩膀。肩部下沉到后侧的“口袋”，保持“车前灯”朝向前方。呼气，回到起始位置。

图 3

* 吸气，换手并旋转到右侧。呼气，回到起始位置。重复 5 次。

选择

* 简单的版本，双手指尖放在肩上。保持手肘打开到肩膀的高度。
* 如果腘绳肌或腰背部紧张，可以坐在枕头上或者屈膝。

身体扫描

* 想象一根能量提线向上拉起你的背部，从脊柱底部穿过头顶。
* 围绕身体中心旋转，身体不要偏离中垂线。

转换

* 俯卧下，准备做脊柱、腿和手臂伸展。

脊柱、腿和手臂伸展

脊柱、腿和手臂伸展合起来形成了经典的垫上动作俯身游泳。与 B.E.A.M. 基础动作中脊柱伸展（见第 72 页）不同的是，这个动作加上了手臂和腿的运动——全部都是重要的背部强化剂。像往常一样，缓慢开始，特别专注于合理的动作模式，技能提高时可以增加速度。

呼吸

吸气，在起始位置拉长身体准备。呼气，抬起。

能量

想象提线向身后的墙壁拉你的脚尖。这个动作是延长腿部脱离你的髋关节，但是不要过度塌陷腰部。

力线

双腿应该分开与髋同宽（之后，你也可以缩小双腿间的距离）。手臂至少要分开与肩同宽来减少肩部的紧张。

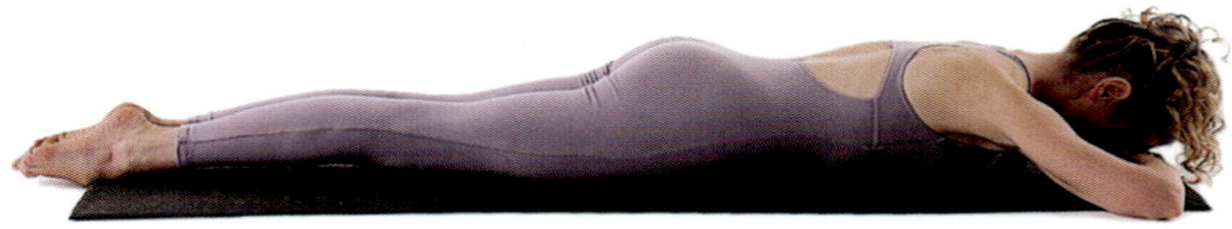

图 1

* 俯卧在垫子上，双脚分开与髋同宽。双手重叠放在额下。吸气，在起始位置拉长你的身体，调动能量房来稳定躯干。想象你的肩胛骨向下滑到后侧的“口袋”。

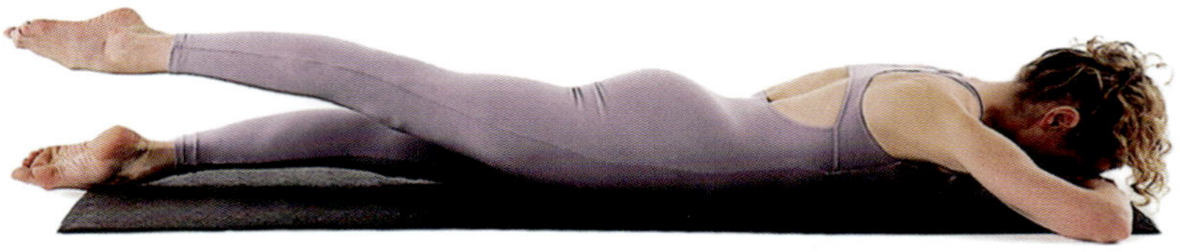

图 2

* 呼气，延展右腿抬离垫子。保持一条长线从臀下穿过到你的脚尖。吸气，回到起始位置。

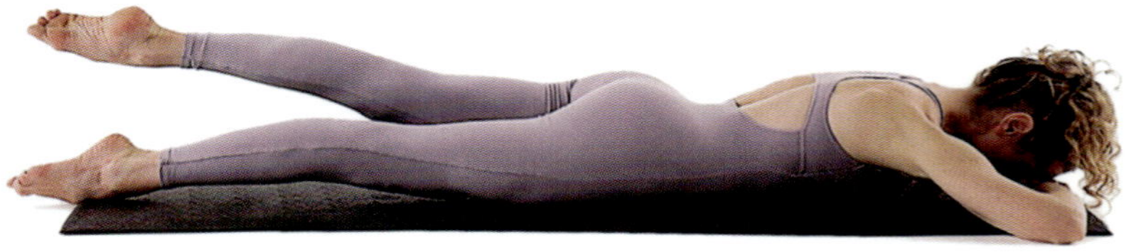

图 3

* 呼气，抬起左腿；吸气，回到起始位置。重复 4~5 次。

动作

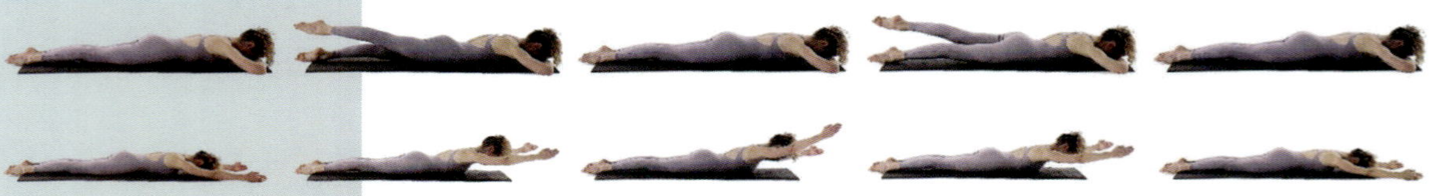

图 4

* 俯卧，伸展手臂成“V”形。保持双脚分开与髋同宽。完全呼气。

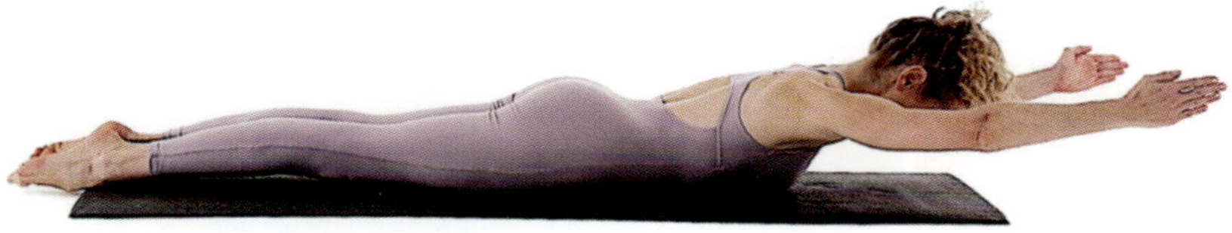

图 5

* 吸气，调动能量房，当把整个上半身抬离地面一点时，肩胛骨向下滑到后侧的“口袋”，保持这个伸展的姿势。手臂伸直时肩膀应该保持水平。

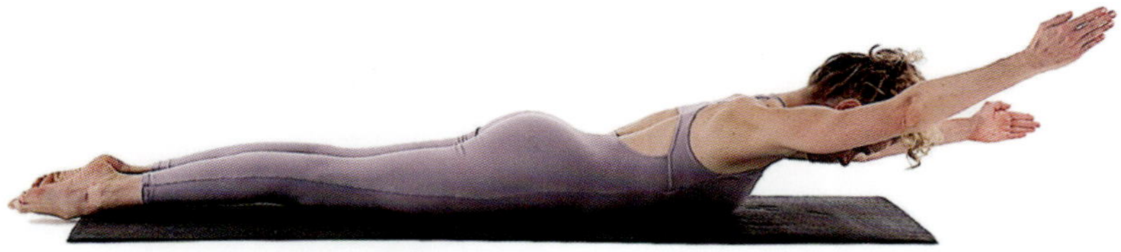

图 6

* 呼气，抬起右臂；吸气，回到双臂水平的位置（图 5）。

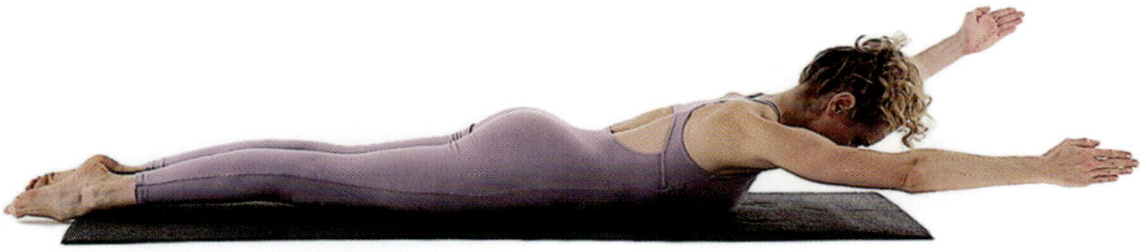

图 7

* 呼气，抬起左臂；吸气，回到双臂水平的位置。重复 4~5 次，然后呼气，放松，回到起始位置。

选择

* 如果你的颈部很容易紧张或感觉腰背部有压力，可在髋部放一个垫子，保持你的额头放在枕头上；只做手臂运动。

身体扫描

* 避免抬腿过高及腰背部拱起过多。

* 保持“车前灯”和耻骨紧压在垫上。

* 保持颈后部拉长，眼睛注视垫子。

转换

* 保持俯卧，准备做俯卧游泳。

俯身游泳

现在，我们把脊柱、腿和手臂伸展组合成为俯身游泳。大多数学员发现这个动作很有挑战性，有两个原因。第一，它需要协调移动对侧的手臂和腿，就像走路一样。第二，它需要强大的核心肌肉力量抵抗重力的同时运动手臂和腿。宜从慢速开始，特别要注意动作姿势，当你技能提高时可以增加速度。

呼吸

吸气，在起始位置拉长身体准备。呼气，抬起。

能量

感觉提线朝向身体头尾两端拉手指尖和脚趾尖。这个感觉是用来拉长身体的，但是不要抬起手臂和腿！

力线

手臂至少要分开与肩同宽来减少肩部的紧张。双腿应该分开与髋同宽（之后，也许可以缩小双腿间的距离）。

图 1

* 俯卧，伸展手臂成“V”形。双脚分开与髋同宽。完全呼气。

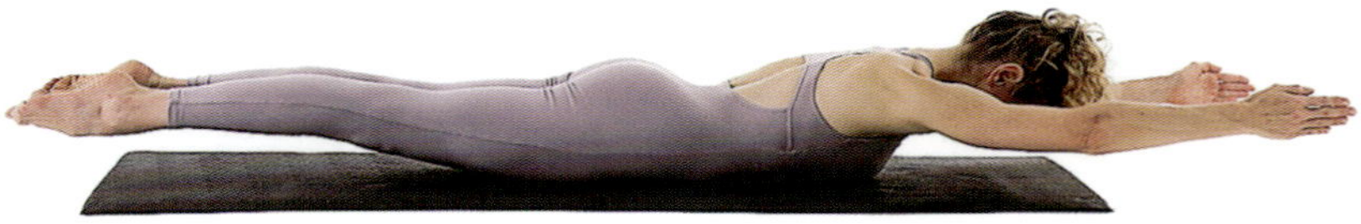

图 2

* 吸气，调动能量房，并把肩胛骨下沉到后侧的“口袋”，上半身和腿稍微抬离地面，保持低位伸展。

动作

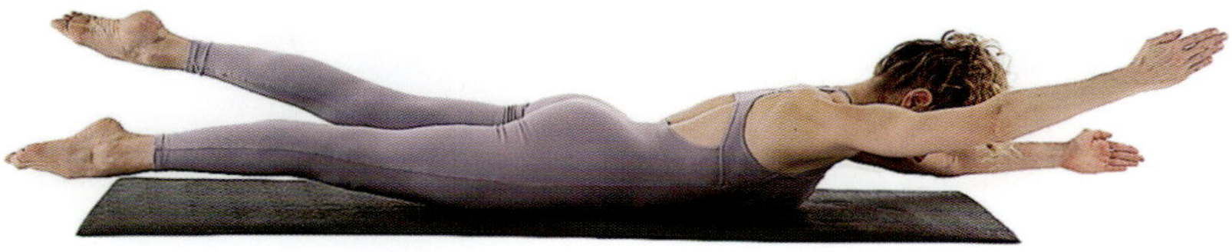

图 3

* 呼气，抬起右臂和左腿。吸气，回到低位伸展，手臂和腿水平。

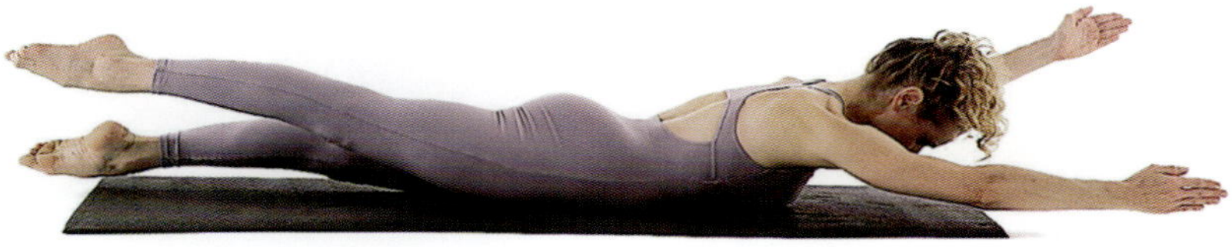

图 4

* 呼气，抬起左臂和右腿。吸气，回到低位伸展。做 4~5 组。呼气，放松回到起始位置，拉长整个身体。

选择

* 如果颈部容易紧张或感觉背腰部有压力，保持额头放在枕头上，只做手臂运动。
* 如果感觉腰背部有压力，可以在髋下放一个枕头。
* 当你准备好了，可以增加本练习的速度，做腿部打水动作时做冲击式呼吸，吸气两次，呼气两次。

身体扫描

* 交换手臂和腿时，避免身体左右滚动。
* 保持颈后部拉长及强大的能量房。

转换

* 把臀部坐到脚跟上到休息姿势（见第 76 页）。你的头放在垫上，放松。放松颈部肌肉。如果颈部感觉紧张，双手握拳重叠放在额头下。

单腿伸展和简易“V”形悬体

本动作是为经典垫上动作“V”形悬体做准备的。在经典垫上练习中，“V”形悬体是高级动作，我在这里演示的是较简单的调整后动作，本动作可加强腹肌力量，有助于缩小腰围。

呼吸

吸气，伸展双腿；呼气，弯曲膝。呼气，向后卷动骨盆，双腿稍微靠近躯干。吸气，放松回到腿部伸展的姿势。

能量

呼气，收腹屈膝。先做骨盆后卷和拱起（见第 56 页），再开始简易“V”形悬体训练。

力线

每个人的正常动作都不一样。短躯干、长腿比短腿、长躯干的练习者，腿伸展的角度更垂直。

图 1

* 半倾斜姿势，双手放在骨盆下，掌心朝下。双膝弯曲紧紧靠拢，脚尖稍微离开垫子。在起始位置完全呼气。

图 2

* 吸气，同时伸展双腿，不要移动大腿。呼气，卷起骨盆回到起始位置。用腹肌深度收缩来弯曲膝盖。也可以交替伸展双腿，先伸展一条腿，然后再伸展另一条腿，不要移动大腿。重复 5~10 次。

动作

图 3

* 简易“V”形悬体：从上述最后一次腿部伸展开始，半倾斜姿势，双手放在骨盆下，掌心朝下。在起始位置伸展双腿，大腿紧紧地并拢在一起。

图 4

* 呼气，骨盆后卷，压在手上。双腿会稍微靠近躯干，但是不要把大腿从髋关节中分离。吸气，放松。尽量减少腿部运动。骨盆的后卷带动腿部的移动。尝试手掌在骨盆下不同的位置，找到最适合自己的位置。当骨盆后卷时，你会感觉到有一点向下的力压在手背上。重复 5~10 次。

选择

* 如果你的腰背部容易紧张，可根据需要弯曲膝盖。

身体扫描

* 如果双腿伸展过低，腹部会鼓起。

* 避免上半身塌陷，以及前臂向上推起。

转换

* 拿起弹力带，仰卧，准备做钟摆式。

钟摆式

钟摆式直接从 B.E.A.M. 基础动作的交叉腿下落（见第 64 页）的动作进化过来，同交叉腿下落一样，是针对腹斜肌的锻炼。练习时，要避免上颈部和肩膀紧张。钟摆式是为经典垫上动作空中瓶塞做准备的。

呼吸

吸气，骨盆偏向一侧。呼气，回到中间。

能量

当下半身从一侧偏移到另一侧时，想象上半身粘在垫上。

力线

整个动作双腿应该抬到 90° 或者更多，来减轻腰背部的压力。

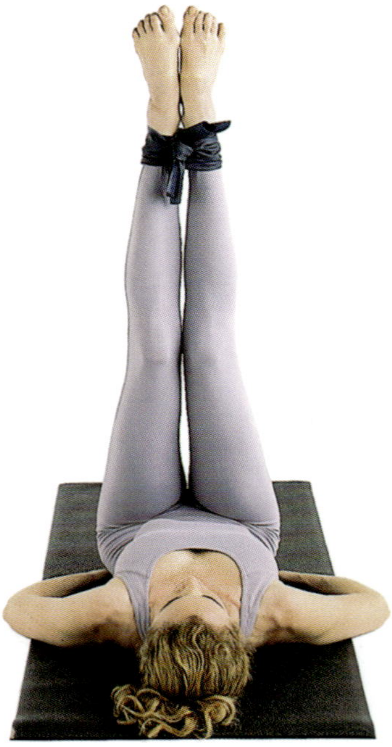

图 1

* 在头下或颈下放一个小枕头。用弹力带缠绕双脚踝，双腿伸直朝向天花板，保持膝盖放松。双手放在骨盆下，掌心朝下。在起始位置完全呼气。

动作

图 2

* 吸气，重心偏至左侧的臀部和骨盆。保持双大腿内侧紧压在一起，就像是一条腿。呼气，从上到下逐节落下脊柱，回到起始位置。

图 3

* 吸气，重心偏至右侧的臀部和骨盆。呼气，从上到下逐节落下脊柱，回到起始位置。做 4~5 组。

选择

* 在臀下放一个枕头，把弹力带缠绕在脚底。垂直伸展双腿，保持膝盖放松。

身体扫描

* 想象一条高速公路穿过垫子的中心，每次回到起始位置时斜向从头到脚把脊柱逐节落到这条高速公路上。

* 保持上半身和颈椎中立位。

* 避免使用髋和臀移动骨盆。集中注意力使用腹斜肌的斜向发力来保持骨盆水平。

转换

* 保持在起始位置，准备做空中瓶塞。

空中瓶塞

普拉提爱好者认为这个经典动作具有超高难度，但这里演示的是简化的动作。呼吸模式跟起始动作是一样的，因此，当你准备好进阶普拉提训练时，你已经熟悉了这个精彩的动作。

呼吸

吸气，重心转换到一侧。当腿部画圈远离身体时吸气。继续画圈移动至身体中线并完成空中瓶塞时呼气。

能量

从腹部的中心控制呼气，就像你慢慢地给气球放气一样。回到起始位置时，进行强劲的呼气排出所有剩余的气体。

力线

保持圆圈幅度小而精准，两侧是对称的。每次都要回到中间的起始位置。

图 1

* 仰卧，弹力带缠绕脚踝，双腿竖直，膝盖微微弯曲。在头下或颈下放一个小枕头。在起始位置呼气。

动作

图 2

* 把重心转移到左侧臀部和骨盆时吸气，让腿跟着移动到左侧。

图 3

* 腿向下移动远离身体时保持吸气，画圈把它们带回到身体中线。

图 4

* 腿移动至身体中线时，快速呼气把重心转移到右侧的臀部和骨盆。腿跟随移到右侧，用力收缩腹肌完成画圈，回到起始位置（图 1）。反方向重复空中瓶塞。可以做 5 组。

选择

* 在臀下放一个枕头，弹力带缠绕脚底。竖直伸展双腿，保持膝盖放松。

身体扫描

* 腿向下画圈远离身体时，注意不要过度拱起腰部和鼓起小腹。

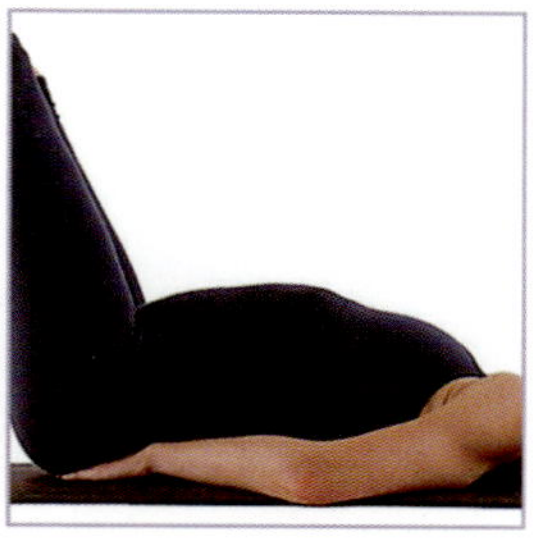

转换

* 转到左侧卧位，准备做侧卧踢腿。

侧卧踢腿

现在你已经懂得了仰卧或者俯卧时保持脊柱中立的原则，接下来的6个动作会挑战你侧卧姿势的稳定性。这系列动作对大腿内、外侧，髋部和臀部会起到非常好的塑形作用。躺在一侧完成所有6个动作，然后换到另一侧，重复整个系列动作。

呼吸

腿部向前移动时，鼻吸两次（“嗅嗅”），腿部扫回来时嘴巴长呼气。

能量

想象躯干（从肩部到髋关节上方）在身体塑形器里面，所以只有腿能在这个练习中移动。

力线

经常检查，看看上方的臀部是否对齐了下方的臀部。

图 1

* 左侧手肘、肩和髋靠在垫子后侧边缘。双腿前伸到垫子的前侧，勾脚。左手托住头部。在起始位置，右手放在胸廓前侧的垫子上。

动作

图 2

* 在开始之前，呼出所有的气体，抬起右腿与髋同高。

图 3

* 吸气，向前踢腿两次，快速 “嗅嗅” 吸气。

图 4

* 绷脚，腿向后扫，同时长呼气排出所有的气体。保持稳定的弧形，腿从髋部延伸。最多重复 10 次。

选择

* 下腿在身体前侧弯曲。头枕在枕头上，放松。下臂伸直。

身体扫描

* 腿向前踢得太远会让你后背变圆。

* 腿向后扫得太远会过度拱起。

转换

* 在起始位置左侧卧，准备做侧卧抬腿和动力画圈。

侧卧抬腿和动力画圈

侧卧抬腿属于侧卧的系列动作，其重点塑造和加强大腿外侧肌肉。如果动作正确并且有意识地锻炼，它们有助于在大腿外侧的顶部，即与臀肌相交会的地方，形成“切口”。动力画圈是快速、小幅度、精准画圈，在侧卧抬腿之后练习。这个动作完全从髋部发力，练习时要保持躯干稳定。

呼吸

侧卧抬腿：呼气抬腿，吸气放下。

动力画圈：吸气画两个圈，呼气画两个圈。使用“嗅嗅，呼呼”呼吸模式。

能量

当你有控制地抬腿和放下腿时，想象用脚触碰离你不远的一个物体。

力线

腿部画圈时，使用能量房和身体前侧放在垫上的手臂来稳定躯干。支撑手臂的手肘向外，肩部下沉到支撑手臂。

图 1

＊左侧手肘、肩和髋靠在垫子后侧的边缘。双腿在垫子前侧伸展，勾脚。左手托头。右手放在胸前的垫子上。在起始位置吸气。

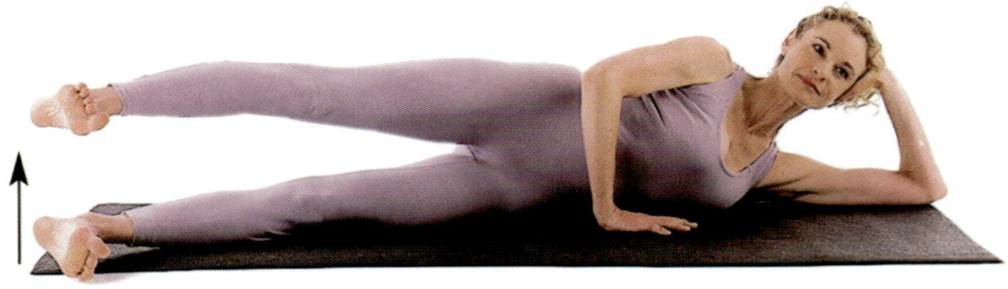

图 2

＊呼气，勾脚抬腿到与髋同高。保持小幅度和精准的抬腿，强调长度而不是高度。

动作

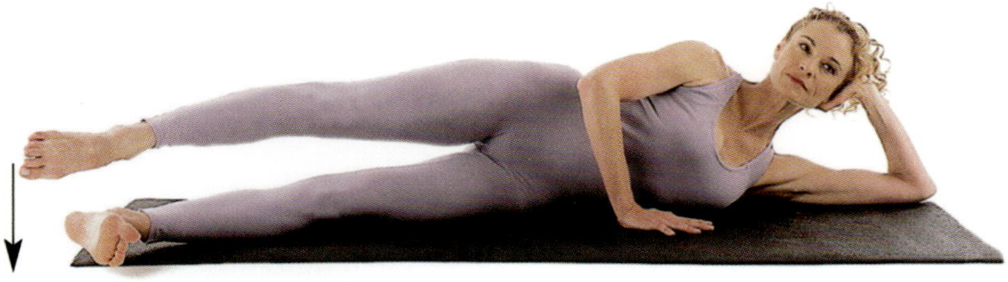

图 3

* 上方腿绷脚，腿从髋关节开始延长，吸气，慢慢把腿放下。再次勾脚，呼气，抬起。重复 8 次。最后一次抬腿绷脚停留在空中，准备动力画圈。

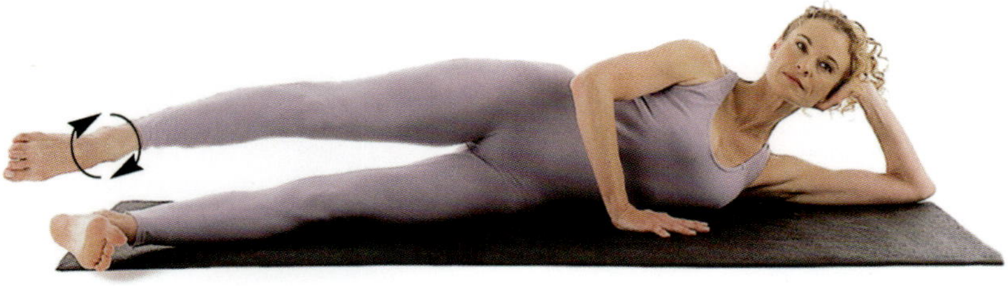

图 4

* 吸气，开始画圈。每个方向画 16 个圈。想象一个有动力的钻头在你脚底——从髋部延长，用脚趾“钻孔”。吸气，画两个圈；呼气，画两个圈。使用“嗅嗅，呼呼”呼吸模式。

选择

* 下腿在身体前侧弯曲。头枕在枕头上，放松。下臂向头顶方向伸直。

身体扫描

* 腿抬得过高会影响骨盆和躯干的力线。

* 稳定上半身，不要随着腿的移动而摇摆。当从髋关节移动腿时，上半身要保持不动。

转换

* 回到起始位置，保持侧卧，准备做下腿上抬和动力画圈。

下腿上抬和动力画圈

这些动作主要加强和塑形大腿内侧的肌肉。

呼吸

下腿上抬：呼气抬腿，吸气放下。

动力画圈：吸气画两个圈，呼气画两个圈。使用“嗅嗅，呼呼”呼吸模式。

能量

想象下腿脚踝处放有物体，在抬腿和落腿时，要保持脚踝处物体的平衡。

力线

保持动作腿平行于地面，两髋关节垂直于地面。

图 1

＊右腿弯曲放在左腿前侧，右手握住右脚踝。左髋位于髋正下方，勾脚。在起始位置吸气。

图 2

＊呼气，拉长并上抬下腿。每次抬腿都要收缩盆底肌。

动作

图 3

* 在下腿抬起的姿势绷脚，从髋部向远处延展。

图 4

* 吸气，缓慢放下腿。再次勾脚，呼气抬腿。重复 8 次。最后一次抬腿保持在空中，准备动力画圈。

图 5

* 每个方向进行 8 次动力画圈，使用“嗅嗅，呼呼”呼吸模式。画完最后一个圈，回到起始位置。

选择

* 上腿在身体前侧弯曲，在膝下放一个枕头支撑。

* 头枕在枕头上，放松。下臂向头顶的方向伸直。

* 刚开始练习这个动作时，下腿可以稍微在你身体前侧。当你变得强壮时，再让下腿与髋成一条直线。

身体扫描

* 想象一条能量线从头顶穿过身体，从下腿脚跟穿出。

转换

* 保持侧卧姿势，准备做侧卧大腿拉伸。

侧卧大腿拉伸

久坐会使髋屈肌（从躯干经髋前部到大腿的肌肉）短缩。重复性动作，如跑步、攀岩，甚至有氧踏板操也可使股四头肌和髋屈肌短缩。目前，很多普拉提的垫上动作都强调朝向胸部弯曲膝盖，虽然这些动作可很好地拉伸腹肌和脊柱，但是也会导致髋屈肌变紧。现在，是时候用臀部和股四头肌拉伸来对抗这一切了！

呼吸

吸气，稍微减少拉伸；呼气，加强拉伸。

能量

想象腿部肌肉从肚脐一直向下走行，最后连接到膝盖。尽最大努力保持肚脐和膝盖在一条长而直的线上。

力线

提起腹部来防止腰背部过度拱起，以及帮助保持脊柱中立。

图 1

* 左侧卧，双腿在身体前侧弯曲。

动作

图 2

* 右膝靠近胸部，右手握住右脚踝。吸气。

图 3

* 呼气，向下向后拉伸大腿远离自己。收缩腹肌，耻骨向前向上倾斜。不要过度拱起腰背部。不要屏气，记得呼吸！保持大腿拉伸的姿势至少 3~5 个长的呼吸循环。

选择

* 如果你的手不能抓到脚，可将一根弹力带缠绕在脚上，用手握住弹力带的一端。

身体扫描

* 保持下腿弯曲与躯干成 90°。
* 保持上侧的臀部、膝盖和足在一个平面。
* 避免过度拱起腰背部和鼓起腹部。

转换

* 现在，回到第 114 页，转为身体右侧卧，在另一侧完成右侧卧系列动作。完成以后，回到坐位，准备做美人鱼侧伸展。

美人鱼侧伸展

这是一个优雅的动作，有助于拉伸和加强腹外斜肌——帮助形成腰线的肌肉。在日常生活中，腹外斜肌很少被用到，其位于身体中段，有着不出名的“爱情手柄”和“备胎”的称号。所以拉伸它们，享受把这些很少被用到的肌肉唤醒的感觉吧！

呼吸

吸气，向一侧拉伸。呼气，向另一侧拉伸。

能量

在起始位置想象一条线把你拉向天花板。然后想象提线把你向上向侧方拉起，创造出弧形拉伸的曲线。

力线

保持肩膀和髋部水平，并且确保它们停留在起始位置。因为是一侧屁股坐着，要确保肋骨不要向一侧鼓出。

图 1

* 坐在左臀上，双腿向身体右侧弯曲。左手放在左臀旁边的垫子上，右臂在身体旁边形成一个弧形，掌心向上。呼气，从髋部向上延长，穿过头顶。

图 2

* 吸气，抬右臂过头，右臂位于右耳外侧，尽可能向左侧伸展。左肘弯曲，如果它碰不到垫子不要担心。确保提起躯干，这样可以有更多侧向弯曲的空间。

动作

图 3

注意：本步骤侧提，是选做动作。如果你感觉还没有准备好，可以跳到图 4。

＊继续吸气，左小臂下压到垫子上，左臀部抬离垫子。从右髋到右手指尖形成一个优美的弧形。

图 4

＊保持吸气，回到直立的坐姿，手臂与肩同高，掌心向上。通过这个位置，保持动作的流动。每次通过直立坐姿时，确保肩部与臀部有一瞬间是对齐的。

图 5

＊呼气，反向拉伸，把左臂举过头顶。向右弯曲时，右臂放在身前面。每侧重复 3~5 次。

选择

＊如果髋部紧张或感觉膝盖有压力，可在你坐着的臀部下面放一个枕头。

＊选做动作可加强上半身和肩部，为完成难度更大的动作做准备。

身体扫描

＊想象躯干只存在两个方向的动作——想象自己左右移动，而不是前后移动。避免偏离中心。

转换

＊转换到俯卧位，准备做钟摆脚跟。

钟摆脚跟

钟摆脚跟的准备动作是 B.E.A.M. 基础动作中的 V 拉（见第 70 页）。同 V 拉一样，面向下趴在垫子上，调动能量房来后卷骨盆。不同的是，钟摆脚跟增加了腿部的剪刀式开合运动，即足跟拍击，比 V 拉的难度大。

呼吸

吸气两次，呼气两次（“嗅嗅，呼呼”）。

能量

卷动骨盆时，想象肚脐下有一条隧道。从髋部延展双腿，朝向你身后的墙拉长足尖。

力线

当你在这个动作中关注腰以下的下半身时，上半身，尤其是你的肩部，应该保持放松和中立。

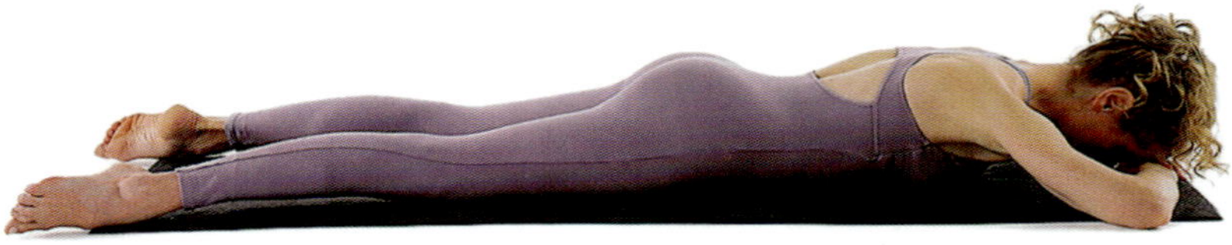

图 1

* 俯卧，双手重叠放在额下。双腿分开到垫子的宽度，旋转脚跟使彼此朝向对方。在起始位置吸气。

动作

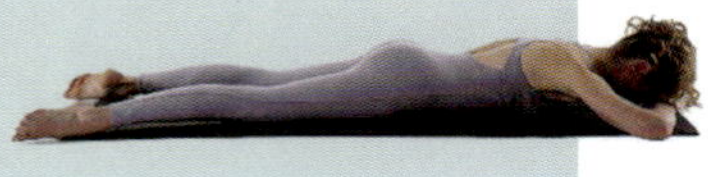

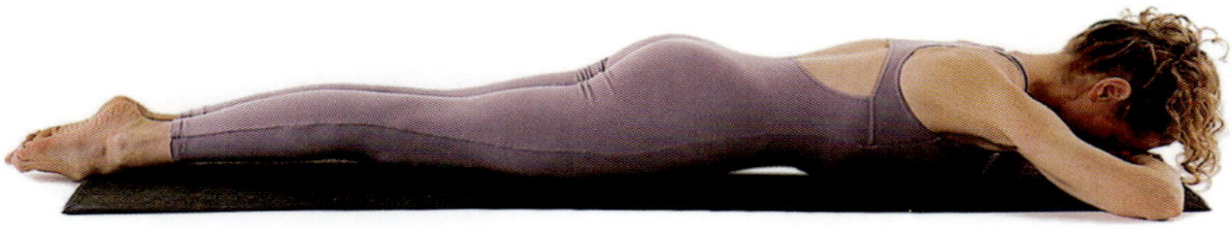

图 2

＊完全呼气，收缩抬起到 B.E.A.M. 基础动作中的 V 拉姿势，在肚脐下形成一条隧道。从髋部延展双腿，双脚稍微抬离垫子。开始同时拍击你的脚跟，使用“嗅嗅，呼呼”的呼吸模式。重复 40 拍。休息，重复最多 3 组。

选择

＊如果腰背部紧张，可在髋下放一个枕头（见第 73 页的图片）。

＊如果颈部和肩部容易紧张，可在额下放一个枕头，并将手臂在身体两侧放松。

＊脚跟拍击时，如果保持隧道有困难，重复 V 拉的动作，直到你有足够的能力可同时完成这两个动作。

身体扫描

＊抬腿过高会使你失去骨盆后卷，并给腰背部带来不必要的压力。

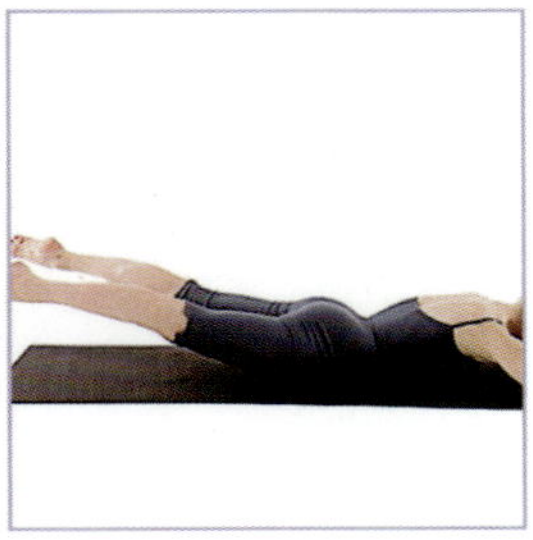

转换

＊推起上半身，向后滑坐到脚跟上，到休息姿势（见第 76 页）停留一下。呼吸。

普拉提起蹲和长躯席卷站立

这个动作从低位蜷伏的姿势开始，以最佳的直立姿势结束。在脊柱前伸（见第 100 页）中已经练习了逐节把椎骨垒起到竖直的概念。这个动作会增加更多的挑战，包括足、膝和髋的对齐，把学习的所有垫上力量和拉伸动作整合起来到直立姿势。

呼吸

下蹲姿势吸气；卷起到站立呼气。

能量

把双脚的三角形紧压在垫子上形成一个坚实的根基。从展开脊柱到竖直状态，保持连接，头顶朝向天花板延展。

力线

膝盖的轨迹跟随你的脚尖。骨盆平衡在脚的上方（不是后方）。肩在髋的正上方。

图 1

* 从休息姿势开始（见第 76 页）。专注到深吸气到肋骨侧面和后面，收缩下腹部和盆底肌进行完全的呼气。在休息姿势下至少做 3 次完整的呼吸循环。

图 2

* 双脚分开与髋同宽，在脚趾处弯曲。

图 3

* 身体向后推，到下蹲姿势，用指尖在垫子上保持平衡。下巴朝向前胸内收，放松。

动作

图 4

* 脚跟下压到垫子上，身体向前弯曲，膝盖放松。髌骨位于对应脚的中心正上方。上半身放松，像一个布娃娃一样挂着。在下一次吸气时，脚紧压在垫子上形成一个坚固的根基。

图5

图6

图 5

* 呼气，调动能量房，慢慢卷起身体到站立姿势。

图 6

* 把一块椎骨堆放在另一块椎骨上面。

图7

图8

图 7

* 最后，下巴离开胸部，头部平衡在脊柱正上方。

图 8

* 眼睛直视前方。感觉地面上已经锻炼过的所有肌肉正在支撑你，你处于最完美的站姿。一次完美的动作就足够了。

选择

* 卷起到站立位时，可将双手顺着小腿和大腿向上移动。

身体扫描

* 处于下蹲姿势时，不要沉下去，而是要提起身体的中心，就像猫准备猛扑猎物的动作一样。这有助于从下蹲姿势站起来。

转换

* 保持站立拉伸，同时测试你的平衡。

手臂上举、侧伸展和提踵

这个简短的系列动作可帮助身体把从垫上学到的所有信息，整合到直立走路的状态。你会学到与 B.E.A.M. 基础动作不同的站立手臂上举，侧拉伸展，以及最后的平衡测试。

呼吸

手臂上举：吸气，抬起手臂；呼气，落下。侧伸展：吸气，直立；呼气，伸展。提踵：呼气站立踮趾球上。

能量

把每只脚的三点紧压在地面上，并且想象一个提线从头顶拉向天花板。

力线

保持肩部位于髋部正上方，手臂移动时“三角形”保持重叠。

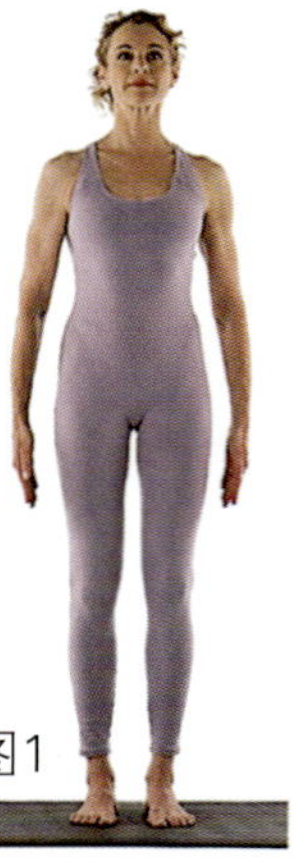

图1

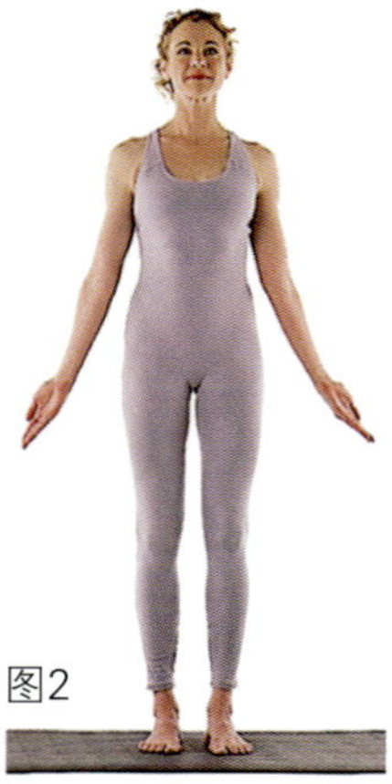

图2

图 1

＊站高，手臂在身体两侧延展，掌心朝内。双脚平行分开与髋同宽。在起始位置呼气。

图 2

＊开始吸气，旋转手臂，掌心朝外。

图3

图4

图 3

＊继续吸气，把手臂抬到身体两侧。

图 4

＊把手臂举过头顶时完成吸气。肩胛骨下滑到后侧的“口袋”。

动作

图5 图6

图 5

* 呼气，转动掌心朝下，回到起始位置（图 1）。做 4 次手臂上举，最后一个动作停留在举过头顶。

图 6

* 吸气，十指交叉并且转动掌心朝向天花板。从身体两侧延展。

图7 图8

图 7

* 呼气，弯曲右膝，向上拉伸到右侧。吸气，回到直立位（见图 6）。

图 8

* 呼气，弯曲左膝，向上拉伸到左侧。吸气，回到直立位。
* 呼气，松开手指，手臂落到肩膀的高度，掌心朝下。吸气，调动能量房，脚紧压到垫子上（见图 5）。

图9

图 9

* 呼气，脚提起到跗趾球处，测试平衡性。把体重均匀地分布到前足上，并避免向内或向外滚动。呼吸一次并保持平衡。然后再一次吸气，感觉提线继续竖直向上拉着你。呼气，缓慢地把脚跟落回垫子上，手臂放回身体两侧，回到起始位置（图 1）。

选择

* 手臂上举中，通过指尖延长肩部。
* 手臂落下时，感觉像是在下压糖浆一样，用手臂后侧的肌肉控制动作。
* 侧伸展时，保持上半身和髋部朝向前侧。避免偏离身体中心。
* 提踵动作中，感觉两个方向的能量——向下通过腋下，向上通过头顶。这可帮你保持更长时间的平衡。

#【第五章】

5 分钟：辅助锻炼

辅助锻炼是四组简短、简单的动作，每组只需要 5 分钟或者更少的时间。我在这本书的最后演示这些动作的目的是为了鼓励你把普拉提练习以小的可消化的碎片融入日常生活中。我知道，你不会总有半小时甚至一小时的时间进行锻炼。但是每个人都可以偶尔休息 5 分钟。事实上，你也许会发现当你生活或工作中感到能量匮乏时，5 分钟的锻炼比一杯咖啡更有提神的效果。

这些辅助锻炼会把 B.E.A.M. 基础动作及普拉提原则深深地印在你的脑海里和身体里，确保你在相隔较长的垫上训练期间，仍可以走得更远，感觉更好，看上去更优雅。

你不需要特殊的衣服、工具或很多时间做这些动作，所以没有理由不动起来！尝试在一周内交替做这些动作，你可能会对结果感到惊讶。最重要的是，记住找点乐趣！

上半身椅子练习

如果你是伏案工作者，这个动作可以非常好地拉伸上半身，缓解紧张和恢复活力。尝试喝杯水和做这套椅子练习而不是喝一杯咖啡，去体会一下你的感觉有多好！

图1

图2

呼吸

图 1

* 坐在椅子边缘，脊柱伸直，双脚分开与髋同宽。把一只手放在身体前侧的下腹部上，另一只手放在腰背部。鼻子吸气。

图 2

* 嘴巴完全呼气，朝向脊柱收缩下腹部，使双手靠得近一些，长得更高更瘦一些。重复 5 次。

动作

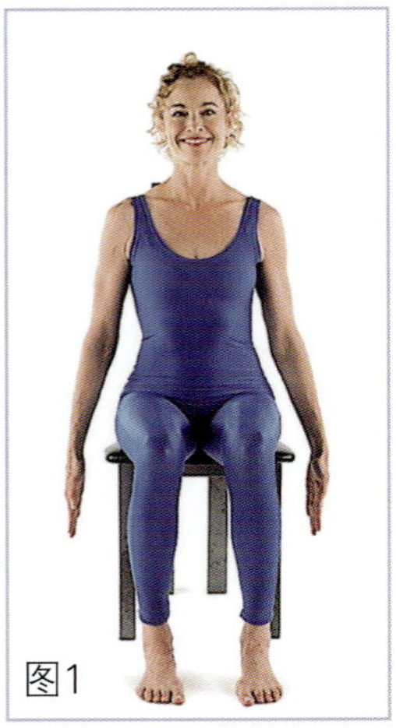

图1

图2

手臂上举

图 1

* 坐高，手臂在身体两侧延展，掌心朝内。

图 2

* 吸气，转动掌心朝上，并举手臂过头。保持肩膀下沉！呼气，回到起始位置。重复 10 次，最后停留于手臂上举过头。

动作

侧伸展

图1

图2

图3

图4

图 1

＊保持在上一个吸气手臂上举的动作，左手握住你的右手腕。

图 2

＊呼气，向左侧拉伸，保持右臀贴在椅子上。吸气，稍微放松拉伸，呼气进一步拉伸。重复。

图 3

吸气，回到起始位置，换手。

图 4

＊呼气，向右侧拉伸。吸气，稍微放松拉伸，呼气，进一步拉伸。重复。吸气回到起始位置，呼气，双手放于身体两侧。

动作

耸肩

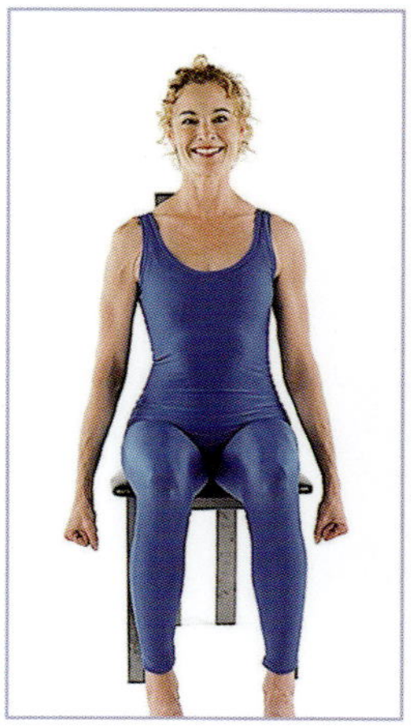

图1

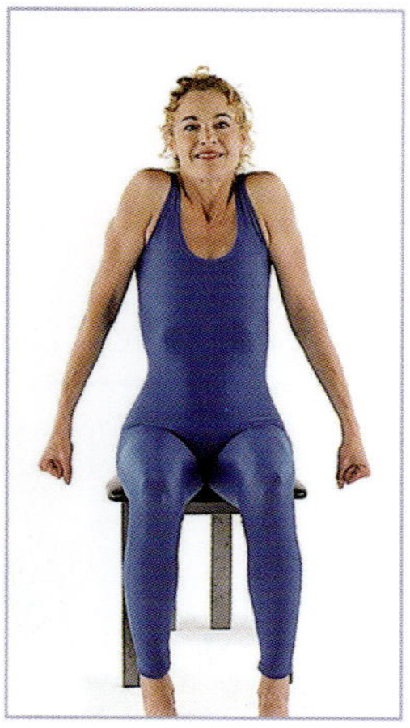

图2

图 1

＊手放在身体两侧，握拳。

图 2

＊吸气，耸肩到耳朵，保持肩部紧张。呼气，放下肩膀，释放张力并回到起始位置。重复 3 次。

动作

图1

图2

图3

图4

肩部画圈

图 1

* 指尖放在肩上，手肘在身体两侧打开。

图 2

* 开始吸气，手肘在胸前并拢。

图 3

* 继续吸气，抬起肩膀，打开手肘到两侧。

图 4

* 呼气，放下肩膀，手肘绕圈到身后，朝向腰线向下绕圈。重复，吸气时手肘在胸前并拢。每个方向画圈 4 次。

动作

图1

颈部拉伸

图 1

＊把右手放在右肩，左手放在头顶。吸气。

图2

图 2

＊呼气，左耳靠向左肩膀。不要倾斜身体——用指尖固定右肩，感觉颈部拉伸。吸气，稍微放松拉伸；呼气，进一步拉伸。重复。吸气，回到起始位置。调整左手抱住头部，指尖朝向头部后侧。

图3

图 3

＊呼气，下巴朝向腋窝斜向落下。吸气，稍微放松拉伸；呼气，进一步拉伸。吸气，回到起始位置。换手，在另一侧重复这两种拉伸。

动作

图1

手部拉伸

图 1

* 双手紧握成拳。

图2

图 2

* 手指张开，越宽越好。重复 5 次。

动作

图1

手腕画圈

图 1

* 双手与肩同高，掌心朝前。手指尽可能宽地张开，以获得最大的拉伸。

图2

图 2

* 开始旋转双手，掌心朝向外侧。

图3

图 3

* 继续旋转，使掌心朝向你自己，以掌心朝外结束。每个方向旋转双手 4 次。

动作

旋转

图1

图 1

* 保持双髋朝前，双脚结实地踩在地上。

图2

图 2

* 吸气，向右侧旋转躯干。右手抓住椅子的后侧，左手抓前侧。呼气，进一步旋转。吸气，稍微放松；呼气，进一步加强。重复，然后旋转回到起始位置。在相反的方向重复旋转。

动作

脊柱拉伸

图 1

* 在椅子边缘坐高，双眼直视前方。保持髋部朝前，双脚结实地踩在地上，分开与髋同宽。吸气。

图1

图 2

* 开始呼气，下巴朝向胸部落下。

图2

图 3

* 继续呼气，把肩膀向前方垂落，保持手臂放松，自由垂向下方。

图3

图 4

* 完成呼气，进一步下卷。始终保持腹部向上向内收紧！ 吸气，逐节垒起椎骨回到起始位置。重复 5 次。

图4

动作

下半身椅子练习

椅子下蹲可加强腿部肌肉和能量房的力量。其包括对股四头肌——大腿前侧肌肉的拉伸。

图1

图2

图3

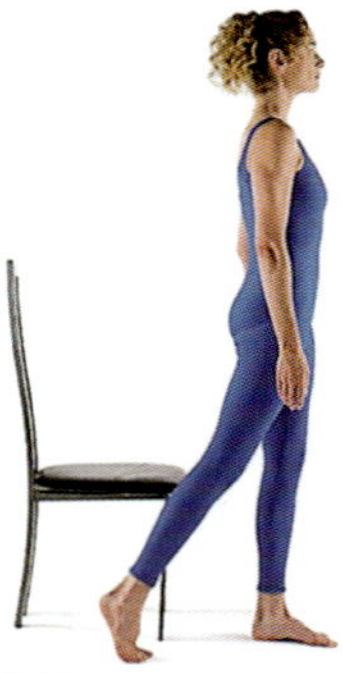
图4

图5

椅子下蹲

图 1

* 坐在椅子右侧，右臀离开椅子。左脚平放在身体前侧的地面上，右脚在身体右侧呈“走路”姿势。

图 2

* 吸气，保持脊柱中立位，躯干从髋部向前倾斜。

图 3

* 呼气，从椅子上离开。腿向下推提起身体，保持良好的力线。

图 4

* 结束呼气时完全起身到直立位。吸气，慢慢地下降身体回到椅子上。最多重复 10 次，然后换另一侧。

图 5

* 拉伸右腿前侧。弯曲右膝盖，右手握住右脚。吸气。呼气时，膝盖朝向地面伸直，腹部向上向内收紧。注意：避免过度拱起腰背部。

动作

墙上练习

这些练习用墙作为工具。收缩腹肌把腰背部压向墙壁，并从上到下拉长整个脊柱。整个动作都要调动能量房，并注意不要让额外的张力爬到头部、颈部和肩部。

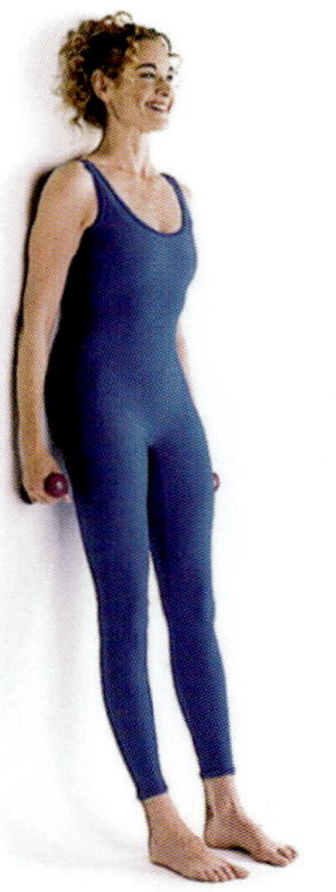
图1

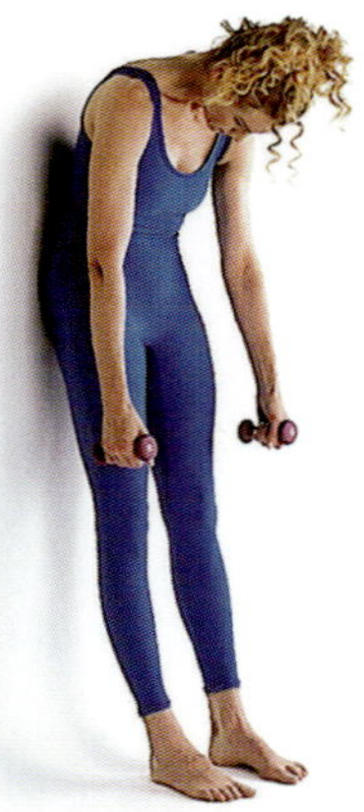
图2

图3

图4

剥离墙壁

图 1

* 身体靠墙，双脚分开与髋同宽。双脚向前走至腰背部可以平贴在墙上。手臂在身体两侧放松。这个姿势下吸气。选做：手握 0.5~1 千克的哑铃。

图 2

* 开始呼气，下巴朝向胸部落下。

图 3

* 继续呼气，肩膀后侧从墙上剥开。

图 4

* 当你的肋骨后侧剥离墙面时结束呼气。保持腹部向上向内收紧来支撑背部，拉伸脊柱。吸气，回到起始位置，把椎骨逐节垒起回到墙上。始终保持肩部放松，手臂自然下垂。重复 3 次。停留在最后一个剥离动作，每个方向做 5 个小的手臂画圈。回到起始位置。

动作

墙上滑动

图 1

* 同剥离墙面一样，靠墙站立（见第 141 页）。

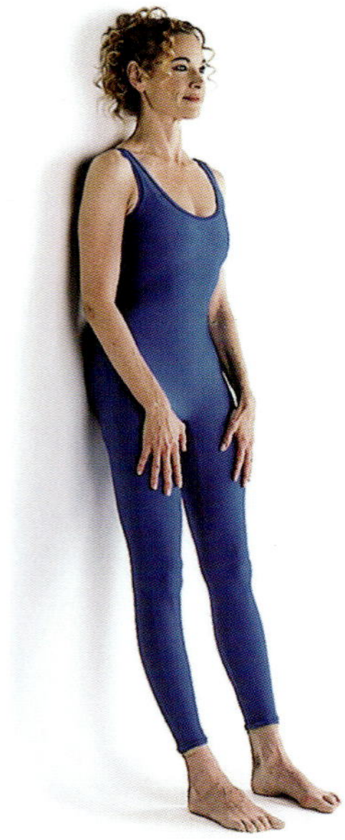

图1

图 2

* 吸气，弯曲膝盖，顺着墙面下滑到蹲的姿势。保持正确的力线，膝盖对应相应脚的中间。呼气，保持这个姿势，收缩下腹部平靠在墙上。吸气，再一次保持这个姿势。呼气，调动能量房，把双脚结实地压在地面上，慢慢顺着墙面上滑。最多重复 10 次。当你变得更强时，可增加保持下蹲的时间。通过数呼吸次数来不断监测自己的进展。

图2

动作

手臂画圈

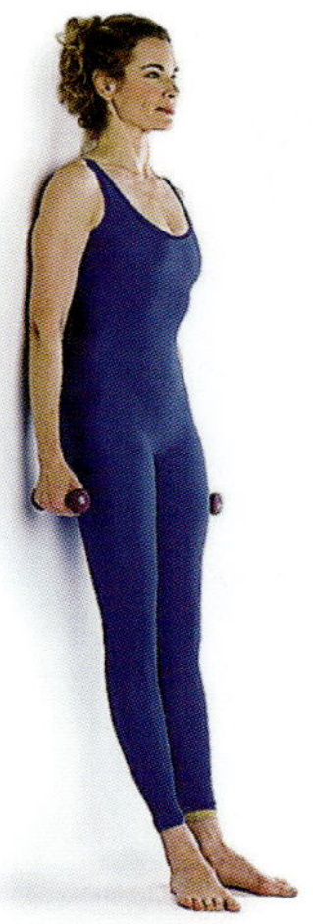

图1

图2

图 1

* 身体靠墙，普拉提站姿，手臂在身体两侧放松。选做：手握着 0.5~1 千克的哑铃。在起始位置呼气。

图 2

* 吸气，手臂上举到肩膀的高度。

图3

图 3

* 保持吸气，手臂向两侧打开。注意：不要向两侧打开得太多， 保持手在周边视线范围内。呼气，回到起始位置。做 4 个画圈，然后反方向再做 4 个。

动作

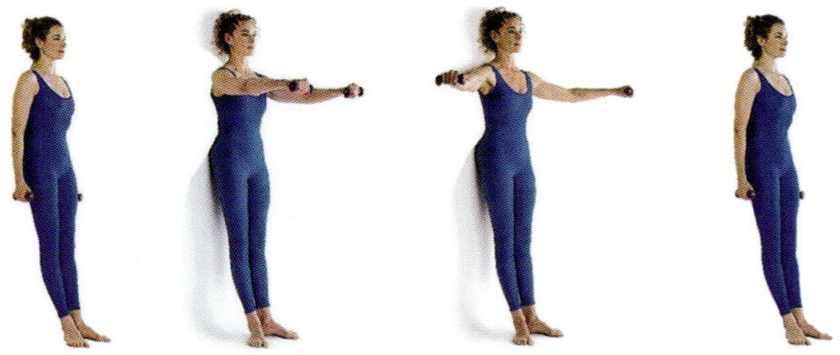

5 分钟卷腹

卷腹是一项快速的腹部训练，有助于小腹变得平坦。如果你感觉困乏但又不能休息（如工作时），即便只做快速呼吸，也会让你感觉能量爆发！

图1

图2

下卷腹

图 1

* 仰卧，躺在软毯子或垫子上，膝盖弯曲，双脚分开与髋同宽。双手交叉放在头下，手肘放松。吸气，想象从头部到尾骨拉长脊柱。

图 2

* 呼气，收缩腹部让背部贴在垫子上。全程保持腰背部和臀部肌肉放松，关注腹部变平。吸气，保持腹部收缩；然后呼气，进一步收缩腹部。吸气，缓慢地放松到起始位置。再次呼气，重新开始收缩腹部。最多重复 10 次。

动作

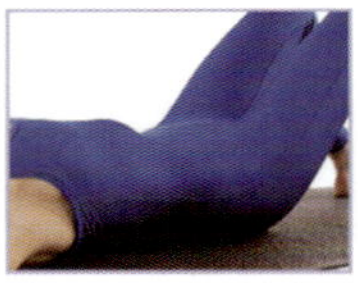

图1

上卷腹

图 1

* 以下卷腹（上图）同样的起始位置开始。呼气时，调动肋间肌，卷起上半身离开垫子。保持颈部优美延长。不要鼓起小腹！吸气，保持卷起。然后呼气，进一步收缩腹部。吸气，向下卷动回到放松的姿势。再次呼气，重新开始卷曲。最多重复 10 次。

双卷腹

图 1

* 双卷腹是把下卷腹和上卷腹结合起来。同样在起始位置开始吸气。然后呼气，同时做两个动作。吸气保持不动。呼气，进一步收缩腹部和肋间肌，卷起。呼气时向下卷动回到放松的姿势。全程保持腰背部和臀部肌肉放松，专注于腹部变平。最多重复 10 次。

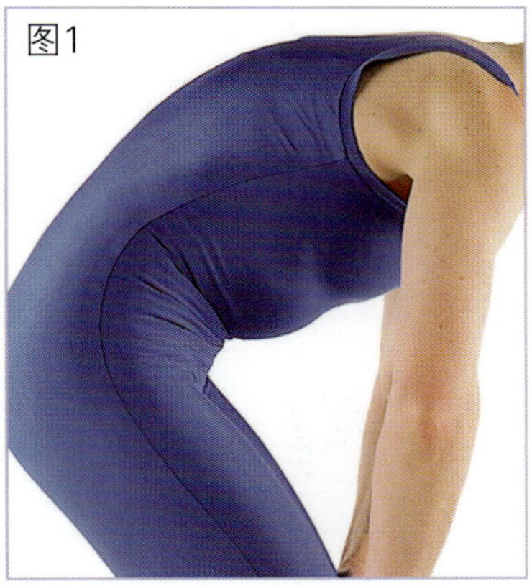

快速呼吸

图 1

* 站立，双脚平行，在髋关节的正下方。弯曲膝盖，脊柱变圆，手掌放在大腿上，手肘向外。吸气。

图 2

* 用嘴快速有节奏地呼气，快速朝向脊柱收缩下腹部。重复 10 次快速的腹部收缩。然后吸气卷起到站立位，放松。向下卷动，重复 10 次快速呼气和腹部收缩。最多做 5 组。

动作

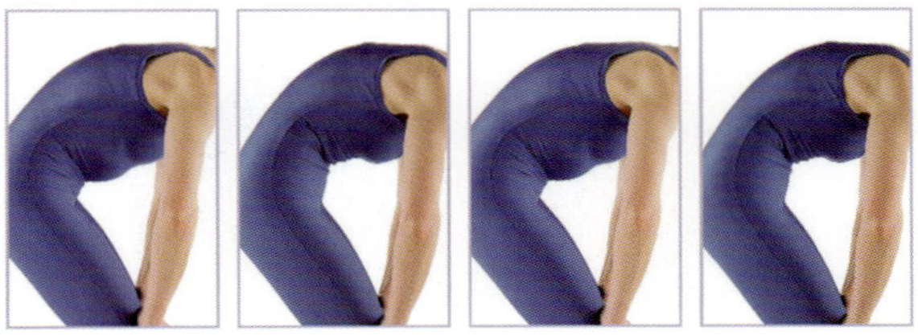

词汇表

身心结合 将心灵集中在身体运动上的状态。提高身心结合会做出更干净、集中且没有束缚的动作。

下巴回收 下巴回收可以延长颈后部的肌肉，并且为那些有“头前伸”的人提供很好的牵拉。然而，百次拍击中（见第 88 页）及其他任何卷起上半身离开地面的动作都要避免收下巴的姿势。

“走路”姿势 脚的全部重量平衡在前脚掌的姿势，即脚跟抬离地面。

车前灯 想象的从骨盆前侧照射出的灯。想象这个车前灯可帮助后卷和拱起骨盆到骨盆中立位。骨盆中立位时车前灯直射在面前。

力量带 一条想象绕着髋部的腰带，从一侧骨盆绕到另一侧骨盆。当呼气调动腹横肌时，想象系紧这条腰带让髋骨靠近。

逐节运动 独立运动每个椎体的动作。

内心的眼睛 一种内在的身体意识。使用你内心的眼睛来检查你的姿势和力线。

肋间肌 每根肋骨之间斜向走行的肌肉。呼吸时，肋间肌帮助控制胸廓的扩张和收缩。

眼睛直视前方 眼睛水平地看向前方。水平视线有助于保持正确的颈部和头部位置，同时能改善平衡。

提线 用于拉长脊柱时想象的线。想象一根绳子从头顶延伸到天花板，悬吊你整个脊柱。

肚脐拉向脊柱 向上向内收缩腹肌的动作，想象肚脐靠近脊柱。这是约瑟夫·普拉提使用的原始提示。呼气时把肚脐拉向脊柱的动作可增加躯干的稳定性，并可促进来自能量房的核心运动。

拉长颈部 通过将能量从头顶传送出来实现良好姿势的元素。拉长的颈部可以保持颈部的自然曲线，并可对抗不良姿势对脊柱造成的压力。

骨盆中立位 骨盆最自然高效的排列位置。它不是后卷的，也不是前倾的，更不是向一侧倾斜的。骨盆中立位时，“车前灯”（见上面）是水平的。

脊柱中立位 一个平衡的脊柱能保持它自然的生理曲线。普拉提鼓励你识别并获得自己的脊柱中立位。力线不好的脊柱会让代偿的肌肉过度工作，导致不必要的压力、疲劳、疼痛和潜在的损伤。

平行姿势 足、踝、膝和髋关节在一条直线上，脚尖朝前。对于大多数人，平行姿势时大脚趾内侧缘的距离为10~15厘米。

盆底肌 当憋尿或者做凯格尔练习时用到的最深层的肌肉。

普拉提站姿 大腿从髋关节处稍微外旋的姿势。站立位的普拉提站姿，脚跟并拢，脚尖朝外45°。在普拉提站姿做百次拍击时，要绷脚。

腹部鼓起 腹部肌肉向外凸起。较弱的腹肌容易鼓起，会拉伤腰部。

能量房 身体中心的力量，位于肚脐下。能量房包括下腹部、腰部、盆底和微笑肌肉。

腹部下凹 把最深层的腹肌向上向内收缩来稳定身体和支撑背部。这个动作可以支持从身体中心发出的强大运动，并可帮助小腹变得平坦。

肩胛骨向下滑到后侧的“口袋” 用以保持上背部和肩膀稳定想象的图像。想象肩胛骨沿着背部向下滑动到牛仔裤后侧的口袋里。

从髋部坐直 坐位拉长脊柱想象的图像。开始，你也许需要坐在一个结实的枕头上做这个动作。把能量向上从头顶，向下从骨盆发送出去，可拉长脊柱、避免弓背。从髋部坐直可以在坐位达到脊柱的中立。

微笑肌肉 位于臀部底部的肌肉，你的大腿后侧连接骨盆的区域。它们收缩时会在每侧臀下形成一个微笑的“U”形。

嗅嗅，呼呼 与快速精准的动作同时使用的快速冲击式呼吸模式。用鼻子做两次快速的吸气，用嘴巴做两次快速的呼气。呼吸的时候不要害怕发出声音！

三角形 用来提示腹内斜肌和腹外斜肌想象的图像，它们在躯干的前侧斜向交叉经过。想象两个三角形：第一个三角形的水平底边在两髋骨之间，顶点位于肚脐。第二个三角形是倒立的，顶点也位于肚脐，但是底边水平拉伸在你肋骨的前侧（见第33、34页）。

两个方向的能量 普拉提训练中使用的相反的因素。把脚结实地压在垫子上，同时把头顶朝向天花板延伸就是两个方向能量的例子。对立的感觉会给身体创造能量，可以帮助你专心控制动作。

椎骨 构成脊柱的骨。椎骨之间是椎间盘，具有承受压力、缓冲震动的作用。

拉链（下腹部收紧） 把下腹部向上向内收紧的图像。想象从耻骨开始拉紧一条非常紧的牛仔裤。

吉莉恩·赫塞尔（Jillian Hessel）

“混血大师”，师从于很多第一代普拉提大师——约瑟夫·普拉提直接教授的老师。她的导师是 Kathleen Stanford-Grant，Carola Trier 和 Ron Fletcher，并且她很幸运地遇见了 Eve Gentry，Romana Kryzanowska，Lolita San Miguel 和 Mary Bowen。

作为一名退休的舞者，她有幸与 George Balanchine 共事，并遇见了 Martha Graham。Jillian 是艾扬格瑜伽爱好者，这帮助她为普拉提学生提供个性化的调整。在普拉提圈内，她以简洁的语言指导和清晰的图片想象出名。

Jillian 的图书《普拉提基础》已经在《普拉提时尚杂志》和《IDEA 普拉提今日》上发表。她是 Gaiam 制作视频中的主角。她有专门针对普拉提老师的自己制作的 DVD 和手册，并且是 Balanced Body“传递火炬”项目认证普拉提老师的导师。

1988 年，她在加州西好莱坞创立了 Well-Tempered 工作室，她如今仍在那里工作。她与她的先生 Arthur，以及她的两个孩子 Daniel 和 Miranda 住在比弗利山庄。

侯妍姝

毕业于美国南加州大学物理治疗康复专业。物理治疗康复博士，美国注册物理治疗师，帕金森病专业治疗师。从事骨科运动和神经康复专业，具有多年临床工作经验，在美国及中国多家综合医院、康复中心就职。曾参与翻译美国物理治疗协会（APTA）骨科临床指南，并具有丰富的专业口译经验，多次翻译康复课程以及普拉提课程。侯妍姝也是加拿大斯多特普拉提垫上和塑身机认证教练，多次翻译塑身机、垫上和多种工作坊的课程。

吴振巍

北京体育大学运动人体科学硕士。加拿大左右国际脊柱健康学院和左右普拉提培训机构创办人，中国首个瑜伽普拉提课程和瑜伽私教的开创者和推广者，首位受邀出席 AFC（亚洲国际健身大会）的中国籍讲师，中国最早的资深高尔夫功能训练专家，2008 年北京奥运会特聘私人教练。全国颈肩腰腿痛大会副主席；中国中西医结合学会疼痛学专业委员会运动康复专家委员；中国好脊柱讲师团副团长；中国国际健身大会、中国身心灵大会、中国喜爱瑜伽大会、ChinaFit 健身论坛等特邀培训讲师；天津体育学院客座讲师；杭州瑜伽协会的常委和培训导师；美国运动医学会（ACSM）注册健康健身专家（HFS，Health and Fitness Specialist）；美国 Balanced Body University 国际注册培训导师。被健身权威期刊《健与美》列入中国百位最具影响力的教练之一。